AF154394

Johann Georg Meusel

Neueste Litteratur der Geschichtskunde

Johann Georg Meusel

Neueste Litteratur der Geschichtskunde

ISBN/EAN: 9783743623620

Hergestellt in Europa, USA, Kanada, Australien, Japan

Cover: Foto ©ninafisch / pixelio.de

Weitere Bücher finden Sie auf **www.hansebooks.com**

Neueste Litteratur

der

Geschichtkunde.

Herausgegeben

und

größtentheils verfertiget

von

Johann Georg Meusel.

Fünfter Theil.

Erfurt,

im Verlag der Keyserschen Buchhandlung.

1780.

Inhalt.

I. Bücher, die in Teutschland herausgekommen sind:

*

II Schel-

2
4.

* 2

Einige Druckfehler.

S. 254. Z. 19. l. achevée. Ebend. Z. 21. l. hiftoire.Ebend. Z.
25. l. grecque. S. 255. Z. 11. l. Enterpe. S. 260.
Z. 10. l. Erfter. S. 262. Z. 5. l. Buat.

Fortsetzung der allgemeinen Welthistorie durch eine
Gesellschaft von Gelehrten in Teutschland
und England ausgefertiget. Ein und Vier=
zigster Theil *). Verfasset von Joh.
Friedr. le Bret, herzogl. württembergi=
schen ersten Bibliothekar und öffentlichen or=
dentlichen Lehrer der Geschichte. Halle bey
J. J. Gebauer 1779. 778 Seiten in 4.
(oder der italiänischen Geschichte zweyter
Theil) nebst einer Landkarte, welche das may=
ländische Gebiet im mittlern Zeitalter vor=
stellet.

Billig freute sich der Recensent auf die Fortse=
zung dieser mit dem verdienten Beyfall aufge=
nommenen Geschichte Italiens; aber unangenehm
war es ihm, als er sie mitten in der schwäbischen Re=
gentenperiode abgebrochen fand. Daß doch Schrift=
steller solche Sclaven ihrer Verleger sind, und das
Publikum das Opfer buchhändlerischer Konvenien=
zen seyn muß! Hr. le Bret fühlte diese Unschick=
lichkeit selbst. Daher sagt er in der Vorrede: " da
"der

*) Vergl. N. Litt. der Gesch. K. Th. 2. S. 62 u. ff.
N. Litt. der G. K. 5r Th. N

" der Verfaffer das Meifte zur ganzen Gefchichte be=
" reit liegen hat, fo hängt es nicht von ihm ab, die
" Eintheilung der Bände felbft zu machen, fondern
" er muß fich nach dem Fortgange des Drucks rich=
" ten.   So fehr ich alfo gewünfcht hätte, daß mit
" diefem Bande das ganze zweyte Buch hätte zu En=
" de gebracht werden können, um den dritten Band
" mit dem dritten Buche, alfo mit den Zeiten Ru=
" dolphs I. und den großen Veränderungen, die
" fich um diefe Zeit, fowohl in Ober= als Unter=Ita=
" lien zugetragen haben, anzufangen, fo wollte es doch
" die Wichtigkeit der fchwäbifchen Regenten in Ita=
" lien nicht erlauben."

Sonft enthält die Vorrede noch einige Bemer=
kungen über die Quellen der italiänifchen Gefchichte.
Italien hat, nach ihm, einen Schatz von Diplomen,
aber einen Mangel an gefchmackvollen Diplomatikern.
Doch rühmt er die Benedictiner von der cafinifchen
Congregation und die Cifercienfer, und bedauert den
Tod des Abt Brunacci.   Er rühmt auch den
Grafen Giulini von Mayland, den verftorbenen
Predigermönch de Rubris und Muratori,
der, wie er fich etwas unfchicklich ausdrückt, vor die
italiänifche Gefchichte immer Epoche bleibt; den
Terrener in der Gefchichte von Savoyen, den
Brunacci in der Gefchichte von Padua, den
Herrn Morelli in der Gefchichte der Graffchaft
Görz;

Görz; in der Geschichte von Pavia den Tatti, von Piacenza den Poggiali, von Monza den Frisi, von Trient den Abt Tartarotti und die anonymische Schrift: Storia e delle consuetudini antiche della Valle Lagarina ed in particolare del Roveretano. 4. 1776. Ferner den Abt Verci von Bassano, wegen seiner Sammlung von Archivaldiplomen zur Aufklärung der Geschichte des Ezzelinischen Hauses und der ganzen Lombardie zur venetianischen Geschichte nennt er ein in Teutschland noch unbekanntes Buch des Franz Zanchi, eines Rechtsgelehrten von Bergamo aus dem 16ten Jahrh. welches der Abt Balthasar de Martini zu Rom zum Druck beförderte: de rebus a Georgio Emo praeclare gestis in primo aduersus Maximilianum Rom. regem bello a Venetis suscepto. In der Geschichte von Ravenna nennt er den Grafen Fantuzzi; und von den Städten des römischen Gebiets die Bemühungen des Monsignor Bufferli. Der Graf Antonius Vendettini hat aus den römischen Archiven eine ziemliche Anzahl von Urkunden gezogen, und eine aus denselben erwiesene zuverläßige Reihe der Senatoren von 550 Jahren geliefert, wodurch die Geschichte der innern Verfaßung von Rom gewinnt. Foggini zu Rom hat die Byzantiner mit zween Foliobänden von Quellen bereichert. Die zween Foliobände, die als Zu-

säße

fätze zu dem großen Werk des Muratori heraus: kamen, bestehen auch meistens aus alten Quellen, die der sel. Lami durch seine Lezione Toscane aufge: klärt hat. Aus Sicilien hat man das Sicilia nobile zu gewarten; und schon hat der Erzbischoff von Montereale geliefert: De vita et rebus gestis Federici II. Siciliae regis, auctore Francisco *Testa*, Archiepiscopus Montis regalis. Panormi 1775. 4. wo auch aus spanischen Archiven geschöpft ist.

Das Buch selbst liefert 1) des zweyten Buchs zweyten Abschnitt, oder die Periode der fränkiſchen Kaiser, welche wieder in vier Capitel zerfällt.

Das erste enthält die Begebenheiten der fränkischen Kaiser in Italien — A. Conrads I. Wir wollen hierbey nur eine einzige Anmerkung machen. Hr. le Bret erzählt uns S. 9. von gewissen sogenannten Manichäern, welche man im J. 1028. in dem Kirchenſprengel von Teßi angetroffen, und verbrannt habe, und setzt hinzu. "Dies "sind die ersten Spuren des Inquisitionsge= "richts, das sich hernach in Italien so furchtbar "machte." Dies war wohl kein Inquisitionsgericht im eigentlichen Verstand, als welches erst in spätern Zeiten seine Gestalt und Einrichtung bekam. Soll es aber mur soviel heißen, als Aufsuchen und Beftra= fen der Ketzer, so war solches schon von der Zeit an

gewöhn=

gewöhnlich, als die Kaiser Lebensstrafen gegen die
Ketzer verordnet hatten; und selbst Manichäer waren
schon vorher im J. 1017. zu Orleans verbrannt
worden. (Dachery Spicileg. T. I. S. 604. f.)
Auch die Meynungen dieser Leute sind nicht richtig
erzählt. Nach dem Leudulfus Hist. Mediolan.
II, 27. legt einer aus dieser Sekte folgendes Glau-
bensbekenntniß ab: *Virginitatem* prae caeteris *lau-*
damus uxores habentes.   Qui virgo est, virginitatem conseruat, qui autem corruptus, data a nostro
majori licentia, castitatem perpetuam conservare li-
ceat.   Nemo nostrum uxore carnaliter utitur, sed
quasi matrem, aut sororem diligens tenet.   Carni-
bus nunquam vescimur.   Iejunia continua et ora-
tiones indesinenter fundimus.   Semper die ac nocte
nostri majores vicissim orant, quatenus hora oratio-
ne vacua non praetereat.   Omnem nostram posses-
sionem *cum omnibus hominibus* communem habemus.   Nemo nostrum sine tormentis vitam finit, ut
aeterna tormenta euadere possimus.   Patrem et filium et Spiritum sanctum credimus et confitemur.
Ab illis vero, qui potestatem habent ligandi et sol-
vendi, ligari ac solvi credimus.   Vetus ac Novum
Testamentum ac *Sanctorum Canones* quotidie le-
gentes tenemus.   Quod dixi Patrem: Deus est ae-
ternus, qui omnia, ut ab initio, et in quo omnia con-
sistunt.   Quod dixi filium: animus est hominis a Deo

dilec-

dilectus. Quod dixi Spiritum fanctum divinarum
fcientiarum intelléctus, a quo cuncta difcrete regûn-
tur. Iefus Chriftus eft animus, fenfualiter natus ex
Maria Virgine, videlicet natus eft ex fancta fcriptu-
ra; (fie erklärten nämlich nach Art einiger Quäcker die
ganze evangelifche Geschichte allegorisch.) Spiritus
fanctus fanctarum fcripturarum cum devotione in-
tellectus. Si *univerfum genus humanum fefe con-
jungeret*, ut corruptionem non fentiret, *ficut apes*,
fine coitu genus humanum gigneretur. *Pontificem*
habemus, non illum *Romanum*, *fed alium*, (hier
fieht man die Haupturfache des brennenden Eifers
der Päpfte gegen fie) qui quotidie per orbem terra-
rum fratres noftros vifitat difperfos, et, quando Deus
illum nobis miniftrat, tunc peccatorum noftrorum
venia fumma cum devotione donatur, fi nos per
tormenta, a malis hominibus nobis ingefta, defici-
mus, gaudemus: fi autem aliquando nos ad mor-
tem natura perducit, proximus nofter, antequam
animam damus, quoquo modo interficit nos. *Prae-
ter noftrum Pontificem* non eft álius Pontifex, quamvis fine tonfura capitis fit, nec myfterium.

Diefes überfetzt unfer Geschichtschreiber fo.
"Als man ihn (den Manichäer oder Paulicianer)
fragte, wie denn feine Mitbrüder lebten, und was fie
glaubten, fo antwortete er, fie l i e b t e n die Keufch-
heit, fie lebten auch mit ihren Eheweibern keufch, fie
äßen

äßen nie kein Fleisch, sie theilten ihre Stunden zum
Gebet also ein, daß keine Stunde den Tag über wäre, wo sie nicht zu Gott beteten; daß sie alle ihre
Güter gemeinschaftlich hätten (hier fehlt das cum
omnibus hominibus) daß sie an den Vater, Sohn
und h. Geist glaubten, daß sie eine Macht zu binden
und zu lösen erkenneten; daß sie die Bücher des A.
und N. T. und die h. Canones (die Canones der
Heiligen, sagt Leudulf) verehrten, welche sie täglich
läsen — daß sie zwar glaubten, der Vater sey Gott
ewig, und ein Herr über alles, der Sohn aber sey
nichts anders, als die Seele eines von Gott geliebten
Menschen, und der h. Geist bestehe in der (dem) Ver-
ständniß der göttlichen Schriften, wodurch alles re-
gieret werde. (Hier ist das bedeutende discrete in
der Uebersetzung ausgelassen). Sie mißbilligten die
Ehe und sagten, die Menschen würden auch ohne dieselbe geboren worden seyn; (gigneretur sagt
Leudulf und setzt eine Bedingung hinzu, die der
Uebersetzer ganz ausgelassen hat) sie erkannten keinen
obern Geistlichen, als ihren eigenen, dem sie allein die
Vollmacht von Sünden loszusprechen beymaßen;
außer diesem wollten sie von keinem andern Kirchen-
gebrauch, Geheimniß oder Sacrament nichts (etwas)
wissen; sie hielten vor (für) nöthig, wenn man der
Höllenstrafe entgehen wollte, dieses Leben unter der
Marter zu schließen; daher sie voll Freude waren,

wenn

wenn man sie zum Tode verdammete; und wenn einer von ihnen natürlicher Weise sterben wollte, so wurde er von den Seinigen aus Liebe umgebracht."

Man sieht dergleichen Nachläßigkeiten ungern in einem Schriftsteller, welcher, wenn er wollte, einer unserer besten Geschichtschreiber werden könnte, und dem der Zugang zu den Quellen so leicht ist.

B. Heinrichs II. Hier kommt gleich Anfangs eine wichtige diplomatische Bemerkung aus dem Giutini über die unter Heinrichs Regierung in den mailändischen Diplomen übliche Zeitangaben.

C. Heinrichs III. Hier finden wir (S. 64.) das Dekret P. Nikolaus II. über die Papstwahl ganz übersetzt. Was wir aber oben bey der Stelle Leudulfs von den Manichäern angemerkt haben, das trifft man auch hier an— nämlich die Ueberſetzung ist etwas flüchtig gemacht. Z. E. Die Worte: quôd per ſimoniacae haereſeos trapézitas répetitis malleis crebrisque tunſionibus ſubjacuerit ſind ſe überſetzt: "wie viele wiederholte Stöße er (der apoſtoliſche Stuhl) von den Münzern der Ketzerey der Simonie bekommen habe, deren Hämmer nicht aufgehört haben ihn zu ſchlagen." Zur Erklärung heißt es in der Anmerkung: das Bild ist etwas hart (er will ſagen: die Metapher). Wenn man es aber mit dem vergleicht, was Peter Damiani L. III. ep. 4. ſagt, ſo ſieht man wohl, daß auf eine hiſtoriſche Be-

geben-

gebenheit angespielt-wird.   Es erzählt dieser, daß
man bey der Wahl Benedikts X. in allen Quar-
tieren dem Volke Geld ausgetheilt habe, daß man
überall in der Stadt habe Münzen prägen gehört,
und man den Schatz Petri vor (für) die Schüler
Simons verwandt habe." Hier folgt Mißverstand auf Mißverstand.   Der schwülstige Damiani spricht nicht vom Geldmünzen im eigentlichen
Verstand, sondern im verblümten; und er kann nicht
davon sprechen.   Denn wenn das Geld, welches
Benedikt X. dem Volke austheilen wollte, erst
hätte gemünzt werden müssen, wie viel Zeit hätte dies
gekostet? Hier sind seine Worte: Dehinc ad marsu-
priorum patrocinia funesta concurrit: pecunia per
regiones andronas vel angiportus in populos eroga-
tur, B. Petri venerabilis arca pervaditur (da war
doch wohl gemünztes Geld?) sicque per totam ur-
bem, *velut* officinam male fabricantis Simonis fac-
tam, vix aliud, quam *ut ita loquar*, malleorum atque incudum tinnitus auditur.   (Der ehrliche Damiani scheint hier Simon den Zauberer und
den Goldschmidt Demetrius, oder auch Alexander den Schmidt,   in dem Schwung seiner
Einbildungskraft zu vermengen — daher mag sein
Bild von Hämmern und Ambossen gekommen seyn.
Ueberhaupt heißt trapezita kein Münzer, sondern ein
Wechsler — diese Wechsler waren die Anhänger
Benedikts, welche Geld gaben, um dagegen ihrem

Papst

Papſt die päpſtliche Würde zu erkaufen. Und Nikolaus ſpricht von Hämmern, weil er von dem apo-
ſtoliſchen Stul redet, den er ſich wie ein erhabnes auf
Säulen ſtehendes Gebäude vorſtellt, welches durch
Hämmer erſchüttert und eingeworfen wird. In eben
dieſe Ueberſetzung iſt auch eine falſche, wenigſtens noch
ſehr ſtreitige Erklärung eingeſchlichen, wenn bey dem
Worte Cardinales clerici in Parentheſe geſetzt iſt:
das iſt, die Cardinalprieſter, Cardinaldia-
konen und der Cardinal-Unterdiakonus.
Mosheim in ſeinen Inſtitut. hiſt. eccl. S. 346.
ed. in 4. hat ſchon gezeigt, daß die Cardinales clerici
nur die Cardinalprie-.er, nicht aber die Cardinaldia-
koni ſind.

Uebrigens ſind hier die Händel Gregors
VII. und ſeiner Nachfolger mit K. Heinrich III.
ſehr umſtändlich erzählt; auch iſt die Materie von der
Schenkung der Mathildis ſorgfältig unterſucht
worden. (S. 136. 177. f.)

D. Heinrichs IV. Auch hier nimmt billig
die Geſchichte der Streitigkeiten des Kaiſers mit den
Päbſten und ſeine Beſitznehmung der Mathildiſchen
Erbſchaft den größten Platz ein.

E. Lotharius II. Am Ende dieſer Regie-
rung ſchildert unſer Geſchichtſchreiber die bürgerliche
Freyheit, welche unter den fränkiſchen Kaiſern in Italien

lien blühte; und diese Schilderung ist treu, und verdient Aufmerksamkeit. Die Periode der fränkischen
Regenten war für Italien sehr glücklich, besonders
für die Städte des italiänischen Reichs. Denn die
andern, die den normännischen Fürsten und Königen
unterworfen waren, durften sich dergleichen Gedanken nicht beygehen lassen, sondern aller Geist von bür-
gerlicher Freyheit wurde bey ihnen gleich in der Ge-
burt erstickt. Zwar züchtigten auch einige fränkische
Könige den Ungehorsam der Städte, die keine Ge-
bieter mehr erkennen wollten, scharf; aber im Ganzen genommen, war doch ihre Regierung wegen ihrer vielfachen und oft langwährenden Abwesenheit
weit milder, als die normännische — derjenige,
der sich am meisten Mühe gab, das Joch der Kaiser
und Könige abzuwerfen, war der Pabst. Italien
zeugete den Gregor VII. dessen Religionsgrund-
sätze, sie mögen nun wahr oder falsch gewesen seyn,
dennoch die Folge hatten, daß die Erzbischöffe und
Bischöffe in Italien mehr an den römischen Stuhl
angebunden wurden. Nächst dem wurden auch die
Gemüther der Italiener mit ganz andern Begriffen
erfüllet, die im Grunde der Nationalfreyheit in der
damaligen Lage der Umstände sehr günstig waren.
Es war ein mächtiger Rückhalt, wenn ein Kaiser und
König befürchten mußte, es möchte etwa ein Pabst
ihn in den Bann thun, seine Unterthanen vom Eyd

der

der Treue loßſprechen, und den Großen des Reichs, die ohne dies nicht zu gehorchen geneigt waren, Religionsbeweggründe an die Hand geben, die ſie von allen Banden loßmachten. So vieles alſo die Päbſte (wider ihre Abſicht) zu Behauptung der teutſchen Nationalfreyheit wider den Kaiſer beygetragen haben, eben ſo vieles trugen ſie zu Behauptung der italiäniſchen Nationalfreyheit bey. Dieſe Händel, die man den Kaiſern erregte, gaben alſo auch den Statthaltern, Markgrafen, Herzogen, die beſte Gelegenheit an die Hand, die unter ihnen ſtehende Provinzen und Städte als unumſchränkte Herren zu regieren, und davon gab Mathildis ein redendes Beyſpiel. Aber ſobald das Band zwiſchen dem Kaiſer und ſeinen großen Vaſallen loß wurde, ſo blieb es nun auch nicht bey dem, was ſich die Großen in Italien eingebildet hatten. Der große Haufen, das Volk, die Gemeinheiten, lernten ihre Macht kennen, und machten es nun eben ſo mit den Vaſallen des Königs, wie es dieſe mit dem Könige ſelbſt gemacht hatten. Sie wurden Markgrafen und Herzogen ſelbſt ungehorſam, und davon erlebte ſchon Mathildis an Piſa, Mantua, Lucca traurige Beyſpiele. Faſt nirgends achtete man den Markgrafen und Grafen mehr.

Eine Folge davon war der auſſerordentliche Reichthum ſo vieler Städte unter den fränkiſchen
Köni-

Königen; die Handlung blühte insonderheit in den Seestädten. Amalfi hatte zwar bisher den Vorzug gehabt; aber die normännische Herrschaft wurde ihr nachtheilig. Hingegen blühten Genua, Lucca, Pisa auf, nicht nur durch ihre Handlung zu Lande, sondern auch zur See, dieses setzte sie immer mehr in den Stand, ihre Freyheit zu behaupten. Es herrschten also wirklich unter den Franken Reichthum und Ueberfluß in Italien. Die Einführung der Freyheit kostete überall Blut, nirgends aber mehr, als in Mayland. Durch eine zufällige Folge suchten die reichen Städte auch Eroberungen zu machen. Das Bestreben der Städte, ihre Freyheit zu behaupten, wirkte die Waffenübungen der Einwohner und die Vermehrung des kriegerischen Geistes der Nation. Die Kriegskünste entwickelten sich, und der Bau der Kriegsmaschinen und Schiffe war in Pisa und Genua sehr weit gediehen. Die Künste stiegen ebenfalls empor; und man muß erstaunen, was Bonifacius, der Vater der Mathildis, und diese Gräfin selbst, in diesem Fache geleistet haben. Unter den Wissenschaften wurde die Keyntniß der Rechte wieder in Gang gebracht, weil Mathildis und Heinrich V. die Gelehrten beförderten. Italien war also das Land, wo man entweder eigene Geburten des Witzes, des Nachsinnens, der Künste und Fabriken antraf, oder durch welches

doch

doch alles durchgieng, was man Schönes aus Aſien bekam. — Dies iſt die treffende Schilderung, welche unſer Geſchichtſchreiber von dem Zuſtand Itaeliens unter den fränkiſchen Regenten macht.

Hierauf erzählt er im zweyten Kapitel die Geſchichte der unter der fränkiſchen Periode erloſchenen griechiſchen und ſaraceniſchen Staaten; und zwar in der erſten Abtheilung, die Geſchichte der griechiſchen Staaten.

A) Geſchichte der griechiſchen Kaiſer im Bezug auf Italien.

B) Geſchichte der Griechen in Calabrien und Apulien, wo die Catapane, die der griechiſche Hof dahin ſandte, fleißig aufgeſucht ſind.

C) Im Herzogthum Sorrento.

D) Fürſtenthum Bari.

E) Herzogthum Amalfi, wo beſonders der Handel von Amalfi beſchrieben wird.

F) Herzogthum Neapel, bis es an das normänniſche Haus kam.

G) Herzogthum Gaeta.

H) Begebenheiten der Griechen auf der Inſel Sicilien, bis zum Ende der griechiſchen Herrſchaft.

Die

Die zwote (zwente) Abtheilung erzählt die Vernichtung der saracenischen Herrschaft in den italiänischen Provinzen, vornämlich in Sicilien; die dritte, die Vernichtung der longobardischen Fürstenthümer in Unter-Italien, nämlich von Capua, Salerno und Benevent. Als ein Anhang vorgenannter longobardischer Fürstenthümer wird auch noch der Herzoge von Gaeta gedacht, und die Abhandlung mit dem Geschlechtregister der longobardischen Fürsten beschlossen.

Im dritten Kapitel folgt die Geschichte der Normänner bis auf die Errichtung eines Königreichs. Den Anfang macht folgende Betrachtung, die so richtig ist, daß wir sie unsern Lesern ganz mittheilen. „Die Normänner sind eine der sonderbarsten Erscheinungen in der Geschichte von Italien. Wenn die Gothen und Longobarden mit zahlreichen Heeren erschienen, so erschienen hingegen diese als Pilgrime, und in geringer Anzahl. Und dennoch waren sie im Stande, nach so vielen Unglücksfällen, die sie theils auf ihrer Reise, theils in den Kriegen im Lande hatten, auf der Gränzscheidung des griechischen und fränkischen Kaiserthums in einem der schönsten Länder eine glänzende Monarchie zu gründen, wider ihre Feinde die herrlichsten Siege zu erfechten, die Griechen aus Italien hinweg zu drücken, und den longobardischen Fürstenthümern ein Ende zu machen,

chen, zugleich aber auch die Oberherrſchaft der Saracenen in Sicilien und auf dem feſten Lande von
Italien gänzlich zu vernichten. Ein in den Stra-
pazen abgehärteter Leib, die daraus entſtandene Stärke, der Geſchmack an kriegeriſchen Heldenthaten, die
beſtändige Uebung in den Waffen, hatte die Normänner zu ſolchen Unternehmungen vorzüglich tüch-
tig gemacht. Aber es wurden noch andere mitwir-
kende Urſachen erfodert, wenn ein ſo wichtiger Erfolg
entſtehen ſollte, als die Umſtürzung mehrerer Fürſtenthümer iſt. Die Griechen waren vom kriegeriſchen Geiſte gänzlich abgekommen, und auſſerdem, daß
ihnen Italien vom Sitze ihrer Kaiſer zu weit entfernt
war, hatten ſie auch, wenn ſchon zuweilen ein großer
Krieger ſich unter ihnen hervorthat, ihre Kriegswiſ-
ſenſchaft nicht auf feſte und ſyſtematiſche Grundſätze
gebaut. Ihre Unterthanen in Italien waren durch
die vielen Erpreſſungen gänzlich muthlos geworden,
und vertauſchten ihre bisherigen Regenten gern gegen
andere. Der Calife der Saracenen ſaß in Egypten,
war alſo auch etwas zu weit entfernt, und wenn ſchon
die ſaracenische Nation eine der tapferſten war, ſo waren dennoch die Trennungen und Zwiſtigkeiten unter
ihren Emiren einem fremden erobernden Volke ſehr
günſtig. Die longobardiſchen Fürſtenthümer waren
zu ſehr getheilt, und durch ihre innre Händel ungemein
geſchwächt. Ihre Geſchichte iſt voll der niedrigſten

.Tücke,

Tücke, die sie einander spielten, aber desto leerer von Begebenheiten, die von wahrer Größe des Geistes, von Tapferkeit und von einer ächten Kenntniß des Krieges zeugeten.

Die normännischen Staaten, die sich nach und nach in Italien bildeten, und deren Geschichte hier beschrieben wird, sind folgende — die Grafschaft Aversa, die hernach mit dem Fürstenthum Kapua vereinigt wurde — die Grafschaft und das nachmalige Herzogthum von Apulien und Calabrien, wo zuerst die Grafen und hernach die Herzoge der Ordnung nach beschrieben werden — Normänner in Sicilien bis auf die Krönung des Rogerius.

Das vierte Kapitel enthält die Geschichte der zum italiänischen Reiche gehörigen Staaten unter der fränkischen Periode, und zwar — der Herzoge von Cärnthen und Markgrafen von Verona samt den Patriarchen von Aquileja, deren weltliche Macht zu diesen Zeiten im Wachsen war — der Markgrafen und Grafen von Mayland und Genua aus dem Hause Este, wobey zugleich auf die anwachsende Macht der Stadt Genua gesehen wird — der Markgrafen von Montferat — der Markgrafen von Toscana, wobey zugleich die steigende Macht der Städte Pisa und Lucca, und hernach auch die Geschichte von Sardinien und

Corfika erwogen wird, weil Pisa und Genua
beständig um die Oberherrschaft auf diesen Inseln
stritten — der Herzoge und Markgrafen von Spo-
leto und Camarino, und der Markgrafen von
Susa und Grafen von Mauricaar und Savoyen. In der Geschichte der Markgrafen von
Toscana ist insonderheit die Geschichte des Bonifacius und seiner berühmten Tochter, der Mathildis umständlich erzählt. Ihr Charakter wird
so geschildert. ”Man darf sich nicht wundern,
wenn die Gräfin Mathildis zu allen Zeiten der
Gegenstand einer ausschweifenden Verehrung der italiänischen Nation war. Sie war in allweg eine
Dame von vorzüglichem Verstand, von feinen Rän-
ken, von behender Beurtheilung, von schnellen Ent-
schließungen, und von mannhaftem Muth. Wenn
sie im Kabinet war, so wußte sie die verwickeltsten Ge-
webe schnell zu durchschauen. Wenn sie im Felde
war, und davor fürchtete sie sich nicht, so belebte sie ihre
Truppen, und war, wohl in ihrer Jugend selbst im
Stande, sich zu Pferde zu setzen, und den Muth ihrer Völker anzufeuren. Es lag nicht an ihr, daß
Italien nicht ein vor sich bestehendes Reich wurde,
das keinen fremden Beherrscher nöthig hatte. Sie
brachte es auch dahin, daß sie in Italien als Königin
verehrt wurde. Hätten die Städte ihre Kräfte zu-
sammengesetzt, da sie im Gegentheil unglücklicher
Weise nur jede vor sich nach Freyheit und Eroberungen

gen strebten, so hätte sie vieles ausgerichtet. In ihren ländern herrschte Ueberfluß. Pisa hatte einen
blühenden Handel. Ihr Väter hatte schon vieles
in Wiederherstellung der Künste geleistet, und sie ver-
feinerte sie noch mehr. Aber indessen wurde sie doch
nicht von ihren Unterthanen geliebt, und sie mußte
manche Empörung dämpfen. Sie war eine erstaun-
liche Liebhaberin der Geistlichkeit, und schenkte ihnen
vom obersten bis auf den letzten Priester eine Menge Güter. Diese arbeiteten daher gern vor (für)
sie, und breiteten ihr Lob in der Welt aus, vermengten es aber oft mit abentheuerlichen Dingen, die aus
einer Heldin eine Heilige bilden, wovor (wofür) sie
jedoch noch nicht erklärt ist, und auch nicht leicht erklärt werden kann." Bey der Geschichte von Savoyen wird insonderheit die dreyfache Bedeutung
des Worts nebst der ältern Geographie des Landes
sehr genau bestimmt, und die Dunkelheit der ältern
Zeiten durch Hülfe in Teutschland äußerst seltner
italiänischer Geschichtschreiber so viel als möglich
aufgeklärt.

Als ein Anhang ist die Geschichte des Frey-
staats von Venedig zur Zeit der fränkischen Kaiser
bengefügt.

Hierauf folgt II.) des 2ten Buchs dritter Abschnitt; dieser begreift die schwäbische Regen-

D 2 ten-

tenperiode, und zwar, schon gedachtermässen,
nur die Geschichte der schwäbischen Regenten in Italien bis auf Friedrich II.

A) Conrad. Das Urtheil von ihm lautet
so. " Dieser König hat in Ansehung der Italiäner,
keine große Rolle gespielt. Ums Geld konnten diese
viele Freyheiten und Lossprechungen von öffentlichen
Lasten haben, welches, seinen unmittelbaren Nachfolger vieles erschwerte, das er wieder an seine Krone
zu bringen bedacht war. Der Abt Wibald, der
ihn genau kennete (kannte) bemerkete an ihm Nach-
lässigkeit, Trägheit und Unentschlossenheit. Alles,
gieng daher mit einer gewissen Langsamkeit. Wie
tiefe Wurzeln also unter ihm der republikanische Geist
in Italien schlug, (geschlagen habe) das kann jeder
aus den Umständen dieser Zeit selbst schliessen.

B) Friederich I. Den Zustand Italiens
bey der Ankunft dieses Kaisers schildert er (S. 432.)
auf eine Art, die vieles in der folgenden Geschichte
erläutert. Die Sitten waren feiner, als die Teutschen vermutheten. Man fand noch bey vielen die
römische Artigkeit und Urbanität. Die Regierun-
gen waren meistens nach römischem Geschmack ein-
gerichtet, das ist, überall waren Republiken, die von
Consuln regiert wurden. Weil diese drey Stände
von Bürgern hatten, nämlich Kapitäne, Walvasso-
ren

iren und gemeines Volk, so wurden die Consuln bald
aus dieser, bald aus jener Classe genommen, und alle
Jahre abgewechselt, damit keiner sich zu viele Gewalt
herausnähme. Die ganze Lombardie war unter die
Städte vertheilt, welche alles unter ihren Gerichts-
zwang brachten, was in ihrem Gebiete lag. Alle
Edle, die ihre Güter in einem solchen Bezirke hatten, mußten sich bequemen, zum Beweise ihrer Un-
terwürfigkeit wenigstens einen Theil des Jahrs allda
zu wohnen. Auch die Hauptörter einer Rural-
grafschaft machten besondere Republiken aus, folglich
hatten sie auch Edle, die in ihrem Bezirke wohnten.
Alle schienen vom kriegerischen Geiste der Römer belebt zu seyn, und jede war darauf bedacht, Eroberungen zu machen. Sie trugen oft kein Bedenken,
junge Leute von geringem Stande, jeden Handwerks-
mann, Leute, die vom Adel mit Verachtung angesehen
wurden, zu ansehnlichen Würden zu erheben, und mit
dem Rittergürtel zu beehren. Folglich bekamen die
Städte ihre eigene Ritter, denen sie Lehen auftru-
gen. Mayland war die mächtigste Stadt wegen ihrer Größe und Bevölkerung. Sie hatte auch
schon Como und Lodi unter sich gebracht. Dem
Könige blieben sehr wenige Rechte übrig, und die
wenigen, die er noch hatte, mußten mit Gewalt ein-
getrieben werden. Man schickte noch Leute voran,
welche in den Städten dasjenige einforderten, was zu

den

den Fiscalrechten gehörte. So bald der König selbst in Italien ankam, so hörte die Macht aller Obrigkeiten auf, alle Rechtssachen wurden seiner Entscheidung überlassen, und der König entschied nach den Gesetzen und dem Gutachten der Rechtserfahrnen. Die neugebildeten Republiken wendeten sich bald an den Pabst, bald an den griechischen Kaiser, und verursachten dem ehrgeizigen Friederich sehr viele Mühe.

Die Zwistigkeiten Friederichs mit den Päbsten und den italiänischen Städten werden mit besonderm Fleiß erzählt, auch dabey mancher streitige Punkt näher untersucht und beurtheilt. Z. E. (S. 480.) werden die Nachrichten von der Zerstörung Maylands geprüft, welche melden, der Kaiser habe alle Kirchen und Klöster der Stadt zerstören, und den Boden der Stadt umackern und mit Salz bestreuen lassen. Ueber den Frieden des Kaisers mit dem P. Alexander und über alles das, was zu Venedig zwischen beyden vorgieng, wünschte man umständlichere Untersuchungen zu lesen, als man S. 518. folgg. antrifft. Doch verdient die Bekanntmachung einiger hieher gehörigen Schriften (S. 521.) Dank. Was S. 524. von den Münzen zu Lucca vorkommt, wird den Münzliebhabern angenehm seyn.

C) Kai-

C) Kaiser Heinrich V. (VI.) Von der Verfassung des italiänischen Reichs unter diesem Kaiser wird unter andern diese Bemerkung gemacht. Die Städte übten das Recht des Krieges, der Bündnisse und besondern Verträge unter einander, auch ohne kaiserliche Erlaubniß, aus; und darinn bestand ein großer Theil ihrer öffentlichen Freyheit. Ihrer innern Verfassung nach hatten sie aber doch mit mancherley Bedenklichkeiten zu kämpfen. Die Consularverfassung, von der sie sich Anfangs so große Vortheile versprochen hatten, artete gar bald in Oligarchie aus, der sie zwar durch die Vervielfältigung der Consuln zuvorkommen wollten, (denn Mayland und Genua hatten zuweilen zehen Consuln) aber sich doch auch genöthigt sahen, zuweilen einen auswärtigen Podesta zu setzen, der die mächtigen Familien in Schranken hielt, und unter allen Städten hatte keine die Ehre, so viele aus ihrem Adel andern Städten als Podesta zu leihen, wie Mayland. Hingegen war der Mangel an Geld so groß, oder vielmehr der öffentliche Credit so unsicher, daß 15. vom hundert ein erlaubtes und durch öffentliche Befehle berechtigtes Interesse war.

Der Kaiser selbst wird gar nicht vortheilhaft geschildert, als ein Herr von großem Verstand, aber von dem schlimmsten Herzen, als ein Despot, aus Neigung, aber ohne Kunst, der sich der verhaßtesten Mit-

D 4   tel,

tel, des Stranges, des Giftes, des Schwerdtes, be-
diente, um sich furchtbar zu machen, aber wenig Wort
hielt, und dem Geiz äußerst ergeben war.

D) Philipp, aus Schwaben. Hr. le
Bret ist zwar geneigt mit den italiänischen Schriftstellern nach dem Tode Heinrichs VI. ein zehen-
jähriges Zwischenreich anzunehmen; er hielt es aber
doch für methodischer, das was unter diesem und seinem Gegner, Otto IV. vorgieng, der Ordnung nach
zu untersuchen, und erst am Ende das Resultat seiner
ganzen Untersuchung beyzusetzen. In der That sah
es damals in Italien nicht viel besser aus, als in
Teutschland zur Zeit des nachmaligen Zwischenreichs.
Der Pabst Innocentius III. griff auf allen
Seiten um sich. Die freyen Städte, welche es im
Herzen mehr mit dem Otto hielten, schlossen
Bündnisse; die alten Städte aber, die ihre Vergröß-
serung allein den Kaisern zu verdanken hatten, hielten
es mehr mit Philippen, und stritten gegen den
Otto; und weil keiner von beyden nach Italien
kommen konnte, so nahm der republikanische Geist
und mit demselben auch die Befehdungs- und Ero-
berungsbegierde immer mehr zu. Selbst in den
Städten herrschte Uneinigkeit; das Volk stritt wider den Adel und der Adel wider das Volk; und
das platte Land wurde verödet. In vielen Städten
warfen sich Alleinherrscher auf; und auch mächtige

Fürsten wurden nach der Ehre lüstern, in den Städten die Podesterien zu erhaschen und dadurch ihrer
Macht einen Zuwachs zu verschaffen.

E) Otto IV. allein.

F) Friederich der Zweyte. Unter diesem
war es nicht ruhiger, als unter den vorhergehenden
Königen. Italien war beständigen Verwüstungen
ausgesetzt, und würde bald verödet seyn, wo nicht die
Güte des Bodens den Einwohnern bald wieder Un-
terhalt verschafft hätte. Man schien freylich oft des
Mordens, Brennens und Raubens müde zu seyn,
aber der Adel, dessen Ehrgeiz keine Schranken kannte, war nicht in Schranken zu halten. Die Gäh-
rung war überall groß; aber nur wenige Städte arbeiteten auf den edlen Zweck der wahren und bleiben-
den Glückseligkeit; und wenn auch einige den besten
Vorsatz hatten, so konnten sie den Adel und das Volk
nicht mit einander vereinigen, bis etwa ein Cäsar
kam, der den Adel und das Volk zugleich unterdrück-
te. Kaum haben die Gothen und Longobarden so
viele Plätze zerstört, als die italiänischen Städte in
ihren Kriegen. Zwar thaten sich die Predigermön-
che und Minoriten, welche damals überall in dem
grösten Ansehen stunden, und in alle öffentliche Ge-
schäfte und Revolutionen den grösten Einfluß hatten, in den Städten durch ihre Friedenspredigten her-

vor,

vor, und brachten es wirklich in manchen dahin,
daß sich die Edlen und Plebejer mit einander
aussöhnten. Allein diese Aussöhnungen waren
selten von langer Dauer; und die Friedenspre-
diger selbst gaben oft Gelegenheit zu den größten Unruhen. Einen augenscheinlichen Beweis hie-
von giebt der berühmte Predigermönch, Johan-
nes von Vicenza. Dieser wurde als Friedens-
herold nach Padua geschickt; und man hatte so
hohe Begriffe von seiner Heiligkeit, daß man ihm
mit dem Hauptpanier der Stadt entgegengieng, und
ihn im Triumph in die Stadt einführte. Es kam
eine so ungeheure Menge zusammen, um den heiligen
Mann predigen zu hören, daß er seine Predigten auf
dem freyen Felde hielt, welche wirklich den Nußen
hatten, daß er den Haß der Familien dämpfte und
viele mit einander aussöhnte. Am stärksten wirkte
er zu Verona, wo er, nach Zurücklegung seiner
Reise nach Mantua und Brescia, daselbst
er, so wie überall, zuerst auf die Entlassung der Ge-
fangenen drang, hernach aber nach seinem Belieben
die Statuten jeder Stadt abschaffte und änderte, eine allgemeine Versammlung aller Lombarden ange-
sagt hatte. Hier kamen auf einer Ebene am Etsch-
flusse, Paduaner, Trevisaner, Veroneser, Mantua-
ner, Brescianer und Vicentiner, jede Stadt mit ihrem Caroccio zusammen; hier fanden sich der Pa-

triarch

triarch von Aquileja, der Markgraf von Este, Ezzelin von Romano, sein Bruder Albrich, die Herren von Camerino, ein; hier versammelten sich die Einwohner von Bologna, von Belluno, von Feltre, von Reggio, von Parma, von Modena, mit ihren Bischöffen alle als reuende mit bloßen Füßen; und, wenn die Rechnung eines alten Geschichtschreibers nicht übertrieben ist, so fand man hier 400,000 Personen beysammen, um einen Mann predigen zu hören, der die Gemüther so fanatisch lenkte. Er bestieg ein 70 Ellen hohes Gerüste, predigte eifrig den Frieden, gebot im Namen Gottes und des Pabstes, daß man sich den Friedenskuß geben sollte, und donnerte allen den Bann entgegen, die sich unterstehen würden, denselben zu stören und schloß endlich mit der Drohung, daß alle, die dem Kaiser mit Wort oder That helfen würden, als Rebellen der Kirche sollten geachtet werden. Nun wurde der Bruder Johann eine äußerst wichtige Person, die in die Angelegenheiten des Staats und der Familien einen außerordentlichen Einfluß hatte. Er schätzte Gesetze ab, er bestimmte den Werth der Personen, er ließ Ketzer verbrennen, er stiftete Heirathen der Großen — alles unter dem Schein der Andacht und der Heiligkeit. In der That aber war Herrschsucht und Eitelkeit der Hauptantrieb dieser theatralischen Aufzüge; wie sein Betragen zu Vicenza,

seinem

ſeinem Vaterlande, deutlich zu erkennen gab. Denn
daſelbſt ließ er ſich von dem Volk einer gränzenloſe,
ganz willkührliche Macht ertheilen, ſo daß er nach ſeinem Belieben Obrigkeiten einſetzte und abſchaffte und
ſtatt der alten Verordnungen neue nach ſeinem Geſchmack machte. Bey ſeiner Rückkehr nach Verona ließ er ſich auch da zum Herrn wählen, foderte
Geiſel zu ſeiner Sicherheit, und wollte haben, daß
man ihm die Feſtungen der Stadt abträte. Hie-
durch brachte er auch die Paduaner gegen ſich auf,
die ſich bisher in Vicenza als Herren betragen
hatten, und bey dergleichen fanatiſchen Anfällen ihre
Beſatzung zu verſtärken für gut fanden. Zwar wollte der ſchwärmeriſche Deſpot bey ſeiner Wiederkunft
nach Vicenza im gebietenden Ton ſprechen, aber
die Paduaner griffen zu den Waffen, ſetzten ihn mit
ſeinem Gefolg feſt und ſteckten ihn in den Kerker.
Als er nach Verfluß einiger Tage wieder loskam, ſo
gieng er nach Verona, fand auch da die Geſin-
nungen ſehr geändert, und begab ſich nach Bologna zurück, wo er ſein Leben in einer dunklen Stille
beſchloß.

Von Friederich II. denket unſer Geſchichtſchreiber ſo, daß er in der Mitte zwiſchen ſeinen über-
triebenen Lobrednern und Läſterern einhergehet. Er
läßt ihm die großen Eigenſchaften, den erhabenen
Geiſt,

Geist, den unerschrockenen Muth, den durchdringenden Verstand, die Artigkeit und den feinen Geschmack, den alle seine Thaten verriethen. Er schildert ihn als den Wiederhersteller und Beförderer des guten Geschmacks in seinen Staaten, als einen Kenner und Verehrer der Wissenschaften, als einen guten Gesetzgeber, und als einen Herrn voll solcher Kenntnisse, die damals bey den Großen ungewöhnlich waren; als einen Herrn, den sein Ehrgeiz zu den edelsten Handlungen antrieb, aber auch zu Planen verleitete, zu deren Ausführung andere Zeiten und Umstände nöthig gewesen wären; als einen König Italiens, der dieses Land als sein Erbtheil ansahe, und es auch nach seinem ganzen Umfang allein beherrschen, und eben deßwegen nicht mehr an den Costnitzer Frieden gebunden seyn, und den Pabst und die ganze Geistlichkeit auf den Fuß der ersten christlichen Jahrhunderte setzen wollte. Aber er gesteht auch zugleich, daß in seinem Charakter ein Hang zur Wollust, zur Doppelherzigkeit, zur Grausamkeit gelegen sey.

In Ansehung der verschiedenen Testamente, die man diesem Kaiser zuschreibt, erklärt er sich für dasjenige, welches der Bruder Franciscus Pipinus von Bologna, ein Schriftsteller aus der ersten Hälfte, des 14ten Jahrhunderts, aufbehalten hat; weil dieses mit dem Schreiben Conrads an Manfred, das noch vorhanden ist, und mit den

Gesin-

Gesinnungen Friederichs am besten überein
stimmt. Kraft desselben ward Konrad zum Erben und Nachfolger Friederichs in Teutschland
und Sicilien verordnet, und wenn dieser ohne Erben
sterben sollte, so wurde die Nachfolge dem Sohn Fri-
derichs, Heinrich, und wenn auch dieser ohne
Erben abgehen sollte, dem Manfred bestimmt.
Manfred wurde indessen zum Vicekönig von Sicilien mit einer fast unabhängigen Gewalt, so lange
Konrad in Teutschland blieb, verordnet, und ihm
das Fürstenthum Taranto nebst andern Gütern,
jedoch als Lehen von Konrad vermächtnißweise
überlassen; dem Prinzen Heinrich sollte Konrad das Königreich Arles oder das Königreich
Jerusalem, nach seinem Gutbefinden mit 100,000
Unzen Goldes überlassen; Konrad sollte 100,000
Unzen Goldes zum Dienste des heil. Landes verwen-
den u. s. w.

Wir sehen der Fortsetzung dieses wichtigen
Werks mit Verlangen entgegen, und bitten den Hrn.
Konsistorialrath, etwa in den Vorreden der folgenden Theile die Zusätze bekannt zu machen, die er aus
den neuen erst noch herauskommenden italiänischen
Werken, zu welchen er in Teutschland vielleicht den
nächsten Zugang hat, insonderheit in Ansehung der
ältern Geschichte, zu machen für nöthig finden dürfte.

2.

Relation abregée d'un Voyage fait dans l'interieur de l'Amerique meridionale, depuis la Côte de la Mer du Sud, jusqu'aux Côtes du Brefil & de la Guyane, en defcendant la Riviere des Amazones, par M. *de la Condamine*, de l'Academie des Sciences, avec une Carte du Maragnon, ou de la Riviere des Amazones, levée par le même. Nouvelle edition, augmentée de la relation de l'Emeute populaire de Cuença au Pérou, & d'une Lettre de M. Godin des Odonais contenant la relation du Voyage de Madame Godin, fon Epoufe &c. A Maeftricht, chez Jean. Edme Dufour & Philippe Roux, Imprimeurs Libraires, affociés. 1778. 379 Seiten in gr. 8.

Der Vollftändigkeit wegen müffen wir auch noch der neuen Auflage diefes längft unter uns befannten Buches gedenfen, welches iezt, da man fo vieles von Amerifa fpricht und lieft, defto mehr Lefer auch unter folchen finden wird, denen der Zweck der

Reife

Reife des Hrn. von Condamine entweder unbekannt oder gleichgültig iſt.

Die Erzählung von dem Auflauf des Pöbels zu Cuença in Peru hängt mit der Reiſe ſelbſt zuſammen, und betrifft die Ermordung eines franzöſiſchen Wundarztes und Zergliederers, Jean Seniergues, welcher in der Geſellſchaft der Reiſenden war. Die Begebenheit ſelbſt iſt durch einen Kupferſtich erläutert, welcher den öffentlichen Plaß zu Cuença vorſtellt, wo der Mord geſchahe. Am Ende findet man auch einen Auszug der Akten des Proceſſes, welchen der Hr. von Condamine deßwegen führen mußte, aus welchen man einen ganz abſcheulichen Begriff von den ſpaniſchen Gerichtſtülen in Amerika, und zugleich auch von den daſigen Aerzten bekommen muß.

Der Brief des Hrn. Godin an den Hrn. von Condamine über die traurigen Begebenheiten ſeiner Gemahlin auf ihrer Reiſe aus der Provinz Quito nach Cayenne über den Amazonenfluß, ſteht auch in einer gewiſſen Verbindung mit jener erſten Reiſe, ingleichen der voranſtehende Brief des Hrn. von Condamine über das Schickſal der Aſtronomen, welche Theil an der Ausmeſſung der Erde gehabt haben. Jene ſtürzt mit ihren Reiſegeſellſchaftern bey Umſtürzung des Kahns in den
Fluß,

Fluß, wird halbtodt herausgezogen, geht ohne Weg-
weiser selb acht in einem verwachsnen Gehölz fort,
verirrt sich, leidet Hunger, Durst, die äußerste Ermü-
dung, sieht ihre beyden Brüder, die weit stärker, als
sie waren, einen Neffen, drey junge Weibspersonen,
und alle übrige Gefährten neben sich dahin sterben,
überlebt alles dieses, bleibt in Gegenden, wo Schlan-
gen und Tiger nichts ungewöhnliches sind, neben den
Leichnamen zwey Tage und zwey Nächte liegen, erhebt
sich, begiebt sich auf den Weg, irrt noch acht Tage in
dem Gehölz herum, findet endlich wieder Menschen
und nach allerley Zufällen auch ihren Gemahl wieder — alles wunderbar und schauervoll. Die Astro-
nomen aber starben alle entweder frühzeitig, wie
Couplet und Bouguer, oder sie bekamen
Schwächlichkeiten, die sie nie wieder verließen, wie
Joseph von Jußieu, der sein Gedächtniß verlohr, und Condamine selbst, welcher taub
wurde, und die äußerliche Empfindlichkeit an allen
untern Theilen einbüßte.

Abrégé de la révolution de l'Amérique an-
gloise, depuis le commencement de l'an-
née 1774, jusqu'au premier Ianvier
1778. Par M. ***, Americain. Yver-
don, M. DCC. LXXIX. 15 B. in 12.

Der Verfasser dieser Schrift kam eben damals in
Europa an, als Frankreich die Unabhängigkeit
der vereinigten amerikanischen Staaten erkannte. Es
befremdete ihn, daß der größte Theil der Zeitgenos-
sen dieser Begebenheiten, von den eigentlichen Ursachen derselben keine richtigen Begriffe hätte. Diesen Mangel versucht er durch eine kurze aber wahr-
hafte Schilderung der ersten Jahre der amerikanischen Unruhen abzuhelfen, und Recensent ist versichert, daß er vielen Lesern hierdurch einen Dienst er-
wiesen hat, ob er gleich nicht ganz unparteyisch
schreibt. Er schreibt die entfernteste Veranlassung
zu dieser Staatsveränderung dem letztern Kriege zu,
welcher alle Hülfsquellen Großbrittanniens gleich-
sam erschöpfte. Grenville gerieth auf den Anschlag,
den drey Königreichen desselben auf Unkosten der Kolonien wieder aufzuhelfen. Letztere sollten einen ansehnlichen Theil der Kriegskosten tragen, weil dieser
Krieg, wie man vorgab, einzig und allein zu ihrer

Ver-

Vertheidigung geführt würde. Eine Folge dieses
Systems war das Stempelpapier, dessen Aufhebung
alle Vorstellungen der Kolonien nicht hintertreiben
konnten. Doch Grenville's Sturz bewürkte dasjenige, was jene nicht auszurichten vermochten. Es
entstand hierauf, zwischen den Einwohnern und dem
Statthalter von Neuyork, ein Streit, der den Eßig
und das Salz betraf, das die Truppen nöthig hatten.
Bey dieser Gelegenheit erneuerte das Parlament seine alten Forderungen; es wurde, um die alte Verordnung wieder in Gang zu bringen, eine neue gegeben, und man untersagte der Provinz so lange alle
gesetzgebende Gewalt, bis sie derselben würde völlig
Gehorsam geleistet haben. Hierauf folgten von Seiten der Neuyorker die bekannten Unruhen und Be-
leidigungen der engländischen Staatsbedienten. Der
Verfasser erzählt übrigens die nachfolgenden Begebenheiten ziemlich angenehm und zusammenhängend,
und führt zugleich die vornehmsten bey dieser Gelegenheit gewechselten Schriften im Auszuge an.

4.

Difcours politiques, hiftoriques et critiques,
fur quelques gouvernements de l'Europe, par M. *le Comte d'Albon*, des Acadé-
mies de Lyon, Dijon, Rome et Nifmes, de
celles des Arcades et la Crufca; des Sociétés de Florence, Berne, Zurich, Cham-
béri, Heffe - Hombourg, etc. etc. etc.
Nullius in verba, à Neuchatel de l'im-
primerie de la Société Typographique,
M. DCC. LXXIX. gr. 8. 404 S.

―――――

Der Verfaffer hat fich vorgenommen, in diefen Abhandlungen die vornehmften Begebenheiten
aus der Gefchichte zu fchildern, die guten und fchlim-
men Eigenfchaften der Regierungsarten zu zeigen,
und den Lefer mit den Sitten, Gewohnheiten, Gefez-
zen, der Bevölferung, dem Ackerbau, der Handlung,
dem Finanzwefen, den Auflagen der Litteratur und
den Künften der Völfer, die er kennen gelernt hat,
bekannt zu machen. Diefe Unternehmung ift (wie
er felbft gefteht) ungeheuer. Er hat auf feinen Rei-
fen die Wahrheit unter den Menfchen gefucht, und
er theilt hier dasjenige mit, was er gefunden zu haben glaubt. Sein Werf enthält zween Bände. In
dem vor uns liegenden findet man zwo Abhandlun-

gen

gen über **Großbritannien,** eine über die
Niederlande und eine über **Helvetien.**
Der zweete Band soll in zwo Abhandlungen Italien,
in einer Spanien und in einer Portugal gewidmet seyn.

Die beyden ersten Abhandlungen dieses Bandes betreffen also England. Der Graf untersucht in
der erstern die gute und die böse Seite der verschiedenen Regierungsarten. "Welches Glück für die
Völker (ruft er S. 19. aus) wenn ihre Regierungsverfassung, indem sie für das Beste der Mitbürger
wacht, ihre Gerechtigkeiten und Freyheiten behauptet,
und der Gesellschaft Sicherheit gewährt, den Miss-
bräuchen zuvorkömmt, ihren Schicksalen vorbereitet
entgegen sieht, und beständig einen geraden, festen
und gleichen Gang behauptet!" Er bemüht sich
hierauf, diejenigen zu widerlegen, welche diese glückliche Regierungsverfassung bey den Engländern zu
finden glauben. Das Ansehen des Königs von
Großbritannien erstreckt sich, wie er S. 28 behauptet,
weiter, als die ihm vorgeschriebenen Gränzen erlauben. Er allein kann das Parlament versammlen
und wieder aus einander gehen lassen, und es steht
nur bey ihm, sich dieses Rechtes zu bedienen, wenn
die Glieder desselben sich nicht nach seinem Willen bequemen wollen. Das Oberhaus besteht aus geist-

lichen

lichen und weltlichen Pairs.   Die Anzahl der erstern ist auf 26 festgesetzt; aber die letztern kann der
König nach Gefallen vermehren, und man zählt über
funfzig Personen, welche unter der jetzigen Regierung
zu Pairs erhoben worden.   Wie wenig wahrscheinlich ist es überdieß, daß sich die Bischöfe dem Willen des Hofs widersetzen werden? Das Glück der
meisten Mitglieder des Parlaments hängt demnach
von dem Könige ab, und der Hof weiß sich endlich
auch manchen Pair durch Geldsummen und Pensio-
nen verbindlich zu machen.   Der Verfasser untersucht hierauf den Zustand der Privatleute in England;
er findet ihn höchst elend und erbarmungswürdig (so
elend und erbarmungswürdig doch sicher nicht als den
Zustand des gemeinen Mannes in Frankreich.   Alle
unpartheyische Reisende bezeugen dies ; z. B. Hr.
D. Grimm in seinen Bemerkungen auf
einer Reise rc.) und wirft den Großen Englands
vor, daß alle ihre Unternehmungen darauf giengen,
alles für den König und nichts für das Volk zu thun.
Er tadelt an den Engländern; daß sie sich die Herrschaft über das Meer anmaßen wollen; ja er geht so
weit, daß er nicht einmal, mit dem Verfasser des
Contrat Social, ihre Königswahl für frey und unein-
geschränkt hält.   Wilkes wird S. 53 als ein verwe-
gener, unruhiger Kopf beschrieben, dem es mehr dar-
um zu thun gewesen, eine Rolle zu spielen, als dem
Vater-

Vaterlande einen Dienst zu erweisen. Zuletzt hält sich der Verfasser noch über das einem Freystaate so unanständige Matrosenpressen auf. Diese erste Abhandlung über Großbritannien geht bis S. 57. Die zwote geht bis S. 153 und fängt gleich damit an, daß der letzte glückliche Krieg, den England geführt habe, eine der vornehmsten Ursachen seiner gegenwärtigen Unglücksfälle sey. Er kostete ihm unter andern auf 62000 Matrosen. Die Staatsschulden beliefen sich 1746 auf 59,366,497 Pfund Sterling; 1760 waren sie bis auf 80000 Millionen gestiegen. Zwey Jahre vor dem Kriege mit den Kolonien waren 12 Millionen abgetragen worden. Erst zu Ende des vorigen Jahrhunderts fieng Großbritannien an, Schulden zu machen. Der Verfasser ist, wie man leicht vermuthen kann, auf der Seite der Kolonien, und nimmt sich ihrer lebhaft an. Er schreibt überhaupt witzig, und blumenreich.

Auf eben die Art und in eben dem Tone untersucht er auch die Regierungsverfassung der vereinigten Niederlande, und der Schweiß. Die dritte Abhandlung geht bis S. 288, und die vierte bis ans Ende. Dieses Buch ist, seiner Parteylichkeit ohngeachtet, ein guter Beytrag zur europäischen Politik.

Geschichte des teutschen Reichs von C. G. Heinrich. Riga und Leipzig, bey Joh. Fr. Hartknoch, gr. 8. Erster Theil 1 Alphab. 12½ B. Zweyter Theil 1 Alph. 6 B. Dritter Theil 1 Alph. 7 B. Die ersten beyden Theile dieses Werks sind 1778, der dritte aber 1779 erschienen.

Herr Heinrich, ein historischer Zögling des verdienstvollen Hrn. Hofraths Böhm in Leipzig, hatte,
laut der kurzen Vorrede, die Absicht, den Anfängern
in der teutschen Geschichte ein Buch zu liefern, das
weder bloß Kompendium noch allzu weitläuftig, und
in einer weniger beschwerlichen Schreibart, als unsere meisten Reichshistorien, abgefaßt wäre. Er theilt
sein Werk in sieben Perioden: 1) von den ältesten
Zeiten bis zum Abgange der Karolinger: 2) von
Konrad I. bis auf Rudolphen von Habsburg; 3)
von Rudolph I. bis zum Ende der Regierung Friedrichs III. 4) von Maximilian I. bis auf Rudolph II.
5) von Rudolph II. bis zu Ende der Regierung Fer-
dinands III. 6) von Leopold bis zum Absterben Karls
VI. 7) vom Absterben Karls VI. bis auf den Hu-
bertsburger Frieden. Die alte Geschichte des teutschen Reichs, welche seine erste Periode begreift, und
die

die mittlere, zu welcher die beyden folgenden gehören,
trägt er im ersten Theile vor.   Im zweyten liefert er
die neuere Geschichte, und zwar die vierte und fünfte
Periode, und im dritten die beyden übrigen Perioden.
Konrad I. und Maximillan I. machen demnach bey
Herrn H. die Gränzpunkte der alten und neuern
Geschichte aus, und der zwischen beyden verflossene
Zeitraum begreift die mittlern Geschichte des teut-
schen Reichs.   Dieß ist die Haupteinrichtung dieses
Werks, welches dem Geschmacke und der historischen
Einsicht des Herrn H. Ehre macht.   Sein Vortrag
ist fließend und deutlich, und seine Schreibart rein.
Das Buch läßt sich so angenehm weglesen, daß es in
der That jedem Freunde der Vaterlandsgeschichte
Vergnügen machen muß.   Die erzählten Bege-
benheiten sind sorgfältig gewählt, und wir zeichnen
zum Beweiß den Plan seiner erstern Periode aus.

In dem 1sten Abschnitt desselben wird von den
teutschen Stammvölkern, ihren Wohnplätzen und
Sitten gehandelt. Herr H. schildert zuerst die Quellen der ältesten Geschichte Germaniens, und fragt zuletzt, ob es einem nicht einfallen dürfe, es als ein
Problem anzusehen, ob man den Ursprung und die
ältesten Begebenheiten der Teutschen für einen Theil
ihrer Geschichte halten könne? In der Hauptsache
doch wohl nicht. Ueberhaupt hat die alte germani-

sche

sche Geschichte dieß mit den alten historischen Nachrichten aller andern Völker gemein, daß sie mit Sagen und Traditionen durchwebt ist, zu welchen, wie
es bey mündlichen Erzählungen die tägliche Erfah-
rung lehrt, die Einbildungskraft vieles hinzugesetzt
hat. Aber ein philosophischer Geschichtforscher muß
demungeachtet das Wahre von dem Falschen zu un-
terscheiden wissen. — Herr Heinrich nennt hierauf
die Stammvölker Germaniens, die uns aus griechischen und römischen Schriftstellern bekannt sind, und
erläutert ihre Wohnsitze durch Anmerkungen. Er
hat hierbey, wie billig, Schlözers und Thunmanns
Bemühungen um die alte nordische Völkergeschichte
genutzt. — Nun beschreibt er die Staatsverfassung
der ältesten Völker Teutschlands, auf eine in der
That angenehme und gründliche Art. Im 2ten
Abschn. erzählt er die ältesten Begebenheiten der teutschen (lieber germanischen) Völker bis 486. Nur
ist Herr H., wie mir dünkt, in der Erzählung der
ariovistischen und der varischen Niederlage etwas zu
kurz, und solche hervorstechende Begebenheiten hätten, dem Gedächtniß der Anfänger zum Besten, etwas umständlicher erzählt werden sollen. Der Ursprung der Alemannen, Franken, Gothen, Sachsen
und Thüringer wird kurz, aber gründlich, beschrieben.
Die damahlige Verfassung des römischen Reichs
schildert Herr H. richtig, und geht von da zu den
Völker-

Völkerwandlungen übrig, durch welche Teutschland
eine ganz veränderte Gestalt bekommen. Im 3ten
Abschn. folgt nun die Geschichte der fränkischen Monarchie unter den Merovingern. Zuerst die Geschichte Chlodowichs und die damalige Staatsverfassung des fränkischen Reichs, Chlodowichs Nachfolger theilen das Reich, welches Chlotar I. wieder
vereinigt, und seine Söhne aufs neue trennen. Zustand der fränkischen Kirche. Zunehmendes Ansehen der Reichsgroshofmeister, wie Herr H. die Majores domus nennt, und welche endlich die königli-
gliche Familie vom Thron stoßen. Vierter Abschn.
Geschichte der Karolinger. Karl der Gr., überwin-
det die Sachsen, den Thassel, die Araber, vereinigt
das longobardische Reich mit dem fränkischen, stellt
die abendländische Kaiserwürde wieder her — Sein
Charakter, wahr und schön geschildert. Hingegen ist
von Ludwig dem Teutschen zu wenig gesagt. — Noch
müssen wir anmerken, daß Herr H. seine Beweißstel-
len auf teutsche Art anführt, und die Jahrzahlen am
Rande beygesetzt hat. Dieß mag genug seyn, die
Freunde der Geschichtkunde mit einem Werke bekannt
zu machen, das ihre ganze Aufmerksamkeit verdient.
Studirende können zum Nachlesen und Wiederhol-
len der Vorlesungen über die teutsche Reichshistorie
kein bequemeres Buch sich anschaffen, als gegenwär-
tiges. Nur ist die Gewinnsucht des Verlegers zu

bekla-

beflagen; denn jeder Band koftet anderthalb Thaler; und doch ift der 2te und 3te nicht einmal anderthalb Alphabet ftark, so daß jeder Bogen über einen guten Gröschen zu ftehen kommt.

<hr>

6.

Monatlicher Auszug aus der Geschichte der hohen Chur- und Fürftlichen Häu-fer zu Sachsen, Thüringisch-Meißni-schen Stammes, denen, die in der vater-ländischen Geschichte nicht recht bewandert sind, zu Gefallen entworfen von Friedrich von Braun. Langensalza, gedruckt und verlegt von Charlotte Magdalene Heer-gart. 4.

<hr>

Von diesem historischen Werke erscheint, seit dem
Anfange des vorigen Jahres, monatlich ein
Heft von 3 Bogen, und wir haben solcher Hefte bereits 20 vor uns liegen. Des Verfassers Abficht
ift, für diejenigen zu schreiben, welche in der Vaterlandsgeschichte nicht recht bewandert sind, und er erklärt sich in einem Vorberichte deutlicher über die Ur-
fachen, die ihn zur Verfertigung dieses (bescheiden)
sogenannten Auszugs bewogen haben.   Die beften
Werke

Werke über die sächsische Geschichte sind lateinisch ge=
schrieben. Dahin gehöret z. B. Fabriß. Andere
sind, wie Herr v. Br. sagt, zu weitläufig, und ma=
chen, gleich beym ersten Anblick, den muntersten Leser
gähnen. Ob aber seinem Werke, dessen 59 vorhan=
dene Bogen erst bis auf Konrad den Großen gehen,
weniger der Vorwurf der Weitläuftigkeit gemacht
werden kann — Dieß ist nicht schwer zu entscheiden,
und wir sehen einem sächsischen Geschichtbuche ent=
gegen, das nach einer mäßigen Rechnung, bis auf
300 Bogen steigen muß. Herr v. Br. schreibt für
bloße Liebhaber der Vaterlandsgeschichte zu umständ=
lich und zu gelehrt. Er führt in seinen, oft sehr
langen Noten meistentheils die ganze Stelle der Ur=
schrift an, aus der er seine Erzählung genommen
hat. Seine Schreibart ist auch nicht fließend, nicht
ungezwungen genug. Indessen ist seine Arbeit im=
mer ein Werk, das unter die vorzüglichsten sächsischen
Geschichtbücher gehört, und dem, in Ansehung der
Vollständigkeit desjenigen Zeitraums, der bereits aus=
geführt ist, kein andres an die Seite gesetzt werden
kann. Herrn von Brauns Motto zu seinem Vor=
berichte: mens agitat molem et magno se corpore
miscet, *Virg.*, paßt daher nicht übel. Wir wollen
nun, um die Manier dieses neuen Geschichtschrei=
bers kennen zu lernen, seinen Plan kürzlich vorlegen.

Erster

Erster Abschnitt. Ursprung der Markgrafschaft Meißen. Erste Markgrafen bis auf Eckard II. Während des Waffenstillstandes mit den Hunnen ließ König Heinrich I. 922, nicht weit von den Ufern der Elbe, einen mit Holz dick bewachsenen Berg räumen, und eine Stadt dort anlegen. Von dem Bache, der nordwärts da vorbeyfließt, bekam sie den Namen Meißen. Sie ward, nebst einer starken Besatzung, mit allen Nothwendigkeiten versehen, und von dieser neuen Festung aus geschah es, daß die Milcener nicht nur überwältigt, und in den Schranken der Ehrfurcht erhalten, sondern auch zur Erlegung eines Tributs gezwungen wurden. Nicht Heinrich, sondern die Dalemincier, schickten den Hunnen den fetten verstümmelten Hund, als diese sie, als ehemalige Freunde, um Hülfe ersuchten; vermuthlich, (sagt der Hr. Verf.) um durch diese Art von Beschimpfung dem König Heinrich ein Kompliment zu machen. Damalige Verfassung des meißnischen Landes, wo aber, in Ansehung der Geographie, auf Schöttgens Nachlese verwiesen wird. Wie, wenn die nun mancher Liebhaber der sächsischen Geschichte eben nicht bey der Hand hätte? — Hr. v. Br. nimmt mit Schöttgen Thimo I, einen Sohn des lausizischen Markgrafens Christians II, als den ersten Markgrafen in Meißen an. Er stiftete das Kloster Dankmarsvelde, unweit dem alten Schlosse Anhalt,

welches

welches in der Folge nach Nortringen (hernach Nien-
burg) verlegt wurde. Er war zugleich auch Markgraf in der Lausitz. Sein Nachfolger war Rigdan I,
wo er ihm nicht gar an die Seite gesetzt gewesen. Er
stammte aus Nordthüringen, aber sein Geschlecht ist
unbekannt. Der böhmische Herzog Boleslav, den
H. Heinrich von Bayern aufgewiegelt hatte, bemäch-
tigte sich der Stadt Meißen, und Rigdan verlohr
bey der Gelegenheit sein Leben. Er stiftete zu Gerb-
stedt, im Mannsfeldischen, ein Nonnenkloster. Auf
ihn folgte Eckard I, ein Sohn des thüringischen Markgrafens Günther, welcher noch in dem nämlichen Jahre (985) die Stadt Meißen wieder eroberte. Er
war ein Liebling K. Ottos III. Dieser ernannte
ihn, auf Bitten der vornehmsten Nordthüringer, zu
ihren Markgrafen. Sein Ansehen stieg hierdurch so
hoch, daß er es, nach Ottos III Tode, sogar wagte,
sich um die teutsche Krone zu bewerben: aber es miß-
glückte ihm, und Graf Sigfried von Nordheim er-
mordete ihn (1002) zu Pölde in einem Ueberfalle.
Es folgen hierauf von seiner Nachkommenschaft, besonders von seiner Tochter Luitgarde, welche Wern-
her, Graf Luthers Sohn entführte, in der That angenehme Nachrichten. Sein noch nicht 17 Jahr alter
Sohn Hermann maßte sich zwar einstweilen die meißnische Markgrafenwürde an; allein Gunzelin, sein
Vatersbruder, der sich mit Boleslav Chrobri, dem

aten

2ten christlichen Herzog in Polen vereinigt hatte, überrumpelte Meißen mit List, und übergab die Stadt dem Herzoge. Dieser mußte sie aber dem König Heinrich II, welcher indessen gewählt wurde, wieder einräumen, und Gunzelin blieb Markgraf. Er wurde aber 1010 abgesetzt, als er sich mit Graf Herman, nen in Krieg eingelassen hatte.

Der Kaiser machte hierauf den nämlichen Herrmann, den ältern Sohn des obengemeldeten Eckards I, zum Markgrafen. Der Krieg mit dem Boleslav Chrobri wurde fortgesetzt, und die hier erzählten Begebenheiten tragen viel zur Aufklärung der Reichsgeschichte dieses Zeitraums bey. Markgraf Hermann hatte seinem jüngern Bruder, Eckard II, zum Nachfolger. Beyde besaßen zwar ansehnliche Erbgüter in Thüringen; aber Markgrafen dieses Landes waren sie nicht. Unter Eckard II nahm der Kaiser Heinrich III im J. 1042 einen Zug gegen den Herzog Breorslav von Böhmen vor. Eckard II, ein kluger und tapfrer Fürst, starb 1046.

Zweyter Abschnitt. Wilhelm von Weimar, Otto, Ekbert I. Altes Grafengeschlecht von Wettin. Markgrafen aus diesem hochgräflichen Hause bis auf Heinrich dem jüngern. — Graf Wilhelm von Weimar erhielt nach Eckards II Tode die markgräfliche Würde von Meißen, und hatte

seinen

feinen Bruder, Otto, zum Nachfolger; welcher fich, wegen des Zehnten, den er dem Erzbifchof von Mainz verfprach, den allgemeinen Haß der Thüringer zuzog, und, zu ihrem Vergnügen, fchon 1067 feht Leben endigte. Ihm folgte Ekbert I, ein Graf von Braunfchweig, ein Verwandter des damaligen Kaifers Heinrich IV, welcher zwar fchon 1068 ftarb, aber für feinen noch fehr jungen Sohn die Nachfolge bey dem Kaifer bewürkte. Doch wegen feines zärten Alters, maßte fich der laufitzifche Markgraf Dedo die meißnifche Markgrafenwürde an, und behauptete fie bis an feinen Tod. Diefer Dedo ftammte von dem thürtingifchen Herzog Burchard (Bußo oder Buß) her, welcher 908 von den Hunnen erfchlagen wurde, und nun folgt die Gefchichte der Vorfahren diefes Grafens Dedo, oder des alten Grafengefchlechts von Wettin. Hr. v. Br. bemerkt hierbey, daß nicht nur diefer Markgraf, fondern auch alle vorhergehende Thüringen zum Vaterlande gehabt. Dedo hätte des Markgrafens Otto Wittwe zur Gemahlin. Diefe reizte ihn, fich um Ottens thüringifche Güter zu bewerben, und er bekriegte deswegen den Kaifer Heinrich IV, über den die Thüringer, des Zehnten wegen, ohnedem fchon aufgebracht waren. Aber der Kaifer behauptete die Oberhand, und Dedo mußte ihm einen anfehnlichen Theil feiner Einkünfte und Befitzungen abtreten. Er nahm an dem darauf folgen=

den Kriege, zwischen dem Kaiser, ingleichen den Thüringern und Sachsen, weiter keinen Antheil, und endigte 1075 sein Leben. Der Kaiser vertraute hierauf dem Herzog Wratislav von Böhmen, der ihm damals so viel Beystand leistete, nicht nur die lausnitzische, sondern auch die meißnische Markgrafschaft an. Dieses beleidigte Ekberten II; den Sohn Ekberts I, welcher eine Anwartschaft auf die Markgrafschaft Meißen hatte, aufs höchste, und er jagte die Böhmen wieder aus Meißen heraus. Er nahm auch hierauf an allen Unternehmungen der Thüringer und Sachsen gegen den Kaiser Antheil. (Diese werden hier so vollständig erzählt, daß man sie in einem andern teutschen Geschichtbuche schwerlich so umständlich finden wird, und Hr. v. Br. schweift bey der Gelegenheit etwas zu sehr in die Reichsgeschichte aus.) Herzog Wratislav, dem der Kaiser den königlichen Titel beygelegt hatte, nahm 1087 die Markgrafschaft Meißen aufs neue in Besitz. M. Ekbert II. entsetzte 1089. das Schloß Gleichen, welches der Kaiser belagerte, mit großem Verluste des letztern, aber Meißen konnte er nicht wieder erobern, und er wurde 1090 ermordet. letzteres geschah auf Anstiften Heinrichs, eines Sohnes des Markgrafen Dedo III, welcher schon 1086 von dem Kaiser zum Markgrafen von Meißen ernennt worden. Er bekleidete aber diese Stelle nicht lange, und hinterließ eine

eine schwangere Gemahlin, welche, um das Volk von der Wahrheit ihres Zustandes zu überzeugen, demselben ihren entblößten Leib von einem erhabenen Orte zeigte. Sie gebahr hierauf Heinrichen den Jüngern, welcher aber, wie man sagte, der Sohn eines Kochs seyn sollte. Er folgte seinem Vater in der Markgrafenwürde, nannte sich aber eben so, wie er, Markgraf von Eilenburg. Er stand dem Bischof zu Halberstadt gegen den Herzog Luther bey. Graf Wiprecht II von Groitsch, der Schwiegersohn des 1092 verstorbenen König Wratislavs von Böhmen, welcher sowohl die meißnische als die lausnische Markgrafschaft besessen hatte, erschlich die erstere beym Kaiser, indem er eine falsche Nachricht von dem Tode Heinrichs J. ausbreitete. Herzog Luther setzte sich aber nebst vielen andern sächsischen Fürsten mit aller Macht darwider, und Graf Konrad von Wettin wurde, wider den Willen des Kaisers von ihnen, zum Markgrafen gemacht. H. Luther nahm den todtge-sagten Heinreich in Leipzig gefangen. Aber dieser kam wieder in Freyheit, und nicht lange darauf hatte Konrad dieses Schicksal, welchem bloß seines Geg-ners frühzeitiger Tod, der sich 1127 ereignete, ein Ende machte.

Hier schließt der Hr. v. Br. den ersten Theil seines Werks, welcher 16 Hefte enthält; und fängt

mit dem 17ten; oder mit Konrads des Großen Geſchichte den zweyten Theil an, mit dem wir unſere
Leſer, ſobald er geendigt ſeyn wird, gleichfalls bekannt
machen werden. Wir ſehen übrigens der Fortſe-
zung dieſes Werks mit Verlangen entgegen; und
hoffen ſie um ſo viel gewiſſer da, wie auf dem Um-
ſchlage des 20ſten Heftes verſichert wird, die Heer-
gartiſche Druckerey bereits bis in das Jahr 1781 mit
Mſpt verſehen iſt, und der Verfaſſer noch immer un-
ermüdet fortarbeitet.

7.

Einleitung in die Helvetiſche Geſchichte zum Ge-
brauche der Jugend, von M. Chriſtian
Daniel Chriſtmann, Pfarrer im Kloſter
Hirshau. Tübingen, bey Johann Ulrich
Cotta. 1778. 236 Seiten in 8. ohne die
Dedikation an den Rath zu Bern, Vorrede
und chronologiſche Vorſtellung der Helveti-
ſchen Geſchichte.

Der Verfaſſer, der ſich drey Jahre in dem Kanton
Bern aufhielt, und ſich mit dem Unterricht
junger Leute beſchäftigte, fand kein brauchbares Lehrbuch der Helvetiſchen Geſchichte, wodurch er der Jugend die Erlernung derſelben hätte erleichtern können.

den. Er übernahm also die Arbeit selbst, und hub
aus den größern Werken dasjenige aus, was zu seinem Zwecke dienen konnte — und so entstund dieses
Lehrbuch.

Die Quellen, aus denen er vermuthlich selbst
geschöpft hat, und aus denen auch andere eine weit-
läufigere Kenntniß dieser Geschichte schöpfen sollen,
nennt er in der Vorrede. Das Verzeichniß ist aber
weder richtig geordnet, noch vollständig; auch ist
manches Buch mit hineingekommen, welches mehr
Hülfsmittel als Quelle ist; es scheint also wohl, daß
er Quelle in dem weitläufigern Sinn des Wor-
tes genommen habe. So steht z. E. Tschorners
Historie der Eidgenossen, und Fässis Staats-und
Erdbeschreibung der schweizerischen Eidgenossenschaft
vor Hottingers helvetischer Kirchengeschichte, ja
gar vor dem Guillimann und Wurseisen.
Vergessen ist in dem Verzeichniß: Hist. des revolu-
tions de la haute Allemagne contenant, les ligues &
les gueres de la Suisse von Mr. Philibert des Aley.
Ludwig von Wattenwil Hist. de la confede-
ration helvetique, Hist. de la ville & d'état de Ge-
neve par Mr. Spon, Grundriß der Geschichte gemeiner drey Bündten-Lande u. s. w.

Mit Schröckh-oder Schlözerischer Kunst ist
der Plan der Geschichte weder angelegt noch ausge-

Q 3　führt.

führt. Es war auch des Verfassers Absicht nicht,
eine pragmatische Geschichte zu schreiben, weil, sei=
ner Meynung nach, die Erzählung der Begebenhei=
ten in ihrer natürlichen Ordnung am leichtesten bey
der Jugend Eingang findet, und er das Geschäft, prag=
matische Anmerkungen zu machen, lieber dem Unter=
richt des Lehrers überlassen wollte, der erst nach dem
Alter, der Denkungsart und Fähigkeit seiner Lehr=
linge beurtheilen muß, was für Anmerkungen und
Urtheile für sie faßlich und brauchbar sind.

Nach dieser Aeusserung des Verfassers muß
man, wenn man billig seyn will, sein Buch beurthei=
len, und nichts von ihm fodern, was er nicht hat lei=
sten wollen.

Auch muß man keine Geschichte des ganzen hel=
vetischen Bundes und aller Bundsgenossen, sondern
nur die Geschichte der 13 Cantons bey ihm suchen.
Und diese hat er wirklich mehrentheils mit einer gu=
ten Auswahl der Begebenheiten, in einer lichten Ord=
nung und einer fast überall guten teutschen Schreib=
art, ohne Wortblumen und Geziere, und doch edel
und angenehm vorgetragen.

Seine Erzählung folgt der chronologischen
Ordnung, doch so, daß der Leser bey ieder wich=
tigen Veränderung einen Ruhepunkt findet. Da=
her ist sie ganz bequem in folgende zwölf Abschnitte
ein=

eingetheilt — Aeltester Zustand von Helvetien
— bis auf die Zeiten des Augustus — vom
Augustus an bis zu der Einführung der christlichen
Religion — von der Einführung der christlichen
Religion bis auf die Erbauung der Stadt Bern
— von der Erbauung der Stadt Bern bis auf
den ersten eidgenößischen Bund — von dem er=
sten eidsgenößischen Bunde bis zu der Eroberung
des Aargäu — von der Eroberung des Aargäu
— bis auf den Burgundischen Krieg — von
dem Burgundischen Kriege bis auf den Frieden mit
dem schwäbischen Bunde — von dem Frieden
mit dem schwäbischen Bunde — bis zum An=
fang der Reformation — von dem Anfang der
Reformation — bis zu Eroberung der Waat —
(le païs de Vaud) — von Eroberung der Waat
— bis zu dem Kriege in dem Veltlin — von
dem Krieg in dem Veltlin — bis zu dem Krieg
1712 — von dem Krieg von 1712 — bis
auf unsere Zeiten.

Die Geschichte des eidgenößischen Bundes, des
Burgundischen Krieges, der Reformation der Helve=
tischen Kirche ist sehr gut, und für die Absicht des
Buchs umständlich genug erzählt. Die neueste Ge=
schichte scheint uns aber gar zu kurz abgefertiget zu
seyn. Von den Genfer=Unruhen wird weiter nichts
als dieses gesagt: In Genf war schon seit gerau=

mer

uͤrer Zeit, vornämlich im J. 1737 eine Zwistigkeit zwischen der Bürgerschaft und dem Rath gewesen, die je länger, je mehr zunahm. Der französische Gesandte, nebst Zürich und Bern, bemühete sich vergeblich, die Gemüther zu vereinigen, und einen Vergleich zu Stande zu bringen, indem die Bürgerschaft auf ihrem Recht beharrte, die Mitglieder des Raths, die ihr nicht angenehm waren, zu verwerfen. Endlich verglichen sich beyde Partheyen selbst ohne fremdes Zuthun (1768.) doch thaten sich 1770 wieder dergleichen Unruhen hervor. ,,Und von den Unruhen zu Lucern steht abermal nur die abgebrochne Anzeige da. ,,Zwischen dem Canton Lucern und dem Pabst entstand eine neue Streitigkeit wegen der Schrift: De Helvetiorum juribus circa sacra.,, Die Unruhen zu Neuenburg sind ganz und gar mit Stillschweigen übergangen, ungeachtet derselben in dem chronologischen Abriß gedacht ist.

Hie und da scheint es auch dem Verfasser an einer kritischen Kenntniß der Geschichte zu fehlen. Er läßt nämlich Rudolfen von Habsburg (S. 33.) noch als Hofmarschall bey dem König Ottocar in Diensten stehen, und scheint die gründlichen Einwendungen, welche P. Frölich in seinem dialog. anne Rudolfus Habsb. regi Bohemiae Ottocaro ab obsequiis fuerit u. s. w. schon vor 24 Jahren

gegen

gegen diese Gemeine Erzählung gemacht hat, gar
nicht zu kennen.

Kleine Provinzialfehler, die uns, obwohl selten
aufgefallen sind, z. E. die Töchtern für Töch-
ter, Zusammenkünften für Zusammen-
künfte, scheinen mehr vom Setzer, als vom Verfasser herzurühren.

———————————————

8.

Wilhelm Robertsons Geschichte von Alt-
Griechenland. Nach der zweyten englischen Ausgabe übersetzt. Leipzig, bey Weid-
manns Erben und Reich. 1779. gr. 8. 776
Seiten, ohne das mit vielem Fleiß verfertigte Register von 6 u. ein halb. Bogen.

Noch war die angenehme Empfindung nicht aus-
getilgt, welche in dem Recensenten das Lesen
der Robertsonischen Geschichten von Schottland,
von Carl V. und von Amerika gewirkt hatte,
als er dieses neue Werk des Schottischen Historio-
graphen in die Hände bekam, und voll Erwartung
ergriff, zu lesen anfieng, und weil er darinn nicht die

Q 5   Be-

Befriedigung fand, die er erwartet hatte, zu lesen auf-
hörte — dann nach einiger Zeit, bey besserer Lau-
ne, wieder anfieng und bis zum Ende fortlas, —
und doch nicht ganz befriediget wurde.

Vielleicht kam diese Wirkung von der allzugros-
sen Erwartung her, die er sich von einer Geschichte
von Alt-Griechenland, durch den Verfasser jener
Meisterstücke bearbeitet, gemacht — vielleicht
aber auch daher, weil er die darinn beschriebene Geschichte schon oft nach den besten griechischen und römischen Geschichtschreibern durchgedacht hatte.

Doch die Ursache sey auch, wo sie wolle —
Recensent hat in dieser Geschichte Robertson
nicht als Robertson gefunden; er meynt auch einige Spuren angetroffen zu haben, daß derselbe bey
Anlegung seines Plans sowohl, als bey der Ausarbeitung den Rollin mehr, als die alten Griechen,
vor Augen gehabt habe. Die Wahrheit dieser Ausgabe wird aus dem folgenden erhellen.

Robertson hat seinem Werk eine Einleitung
vorgesetzt, welche hauptsächlich eine umständliche Erdbeschreibung von Alt-Griechenland enthält, wobey
aber manche Leser eine Landcharte vermissen werden.
Sie ist weitläufiger, als die im Rollin; und doch
ist die Aehnlichkeit auffallend, welche man gleich anfangs zwischen beyden Geschichtschreibern sogar in

den

den Worten entträfft. Robertson sagt: "Die
Landveste von Alt-Griechenland begriff die Gegend,
die ietzt den südlichen Theil der europäischen Türkey
ausmacht. Oſtwärts gränzte sie an das ägäiſche
Meer, oder den ietzt sogenannten Archipelagus;
südwärts an das cretiſche, weſtwärts an das joniſche
und das adriatiſche Meer; und nordwärts an Illy-
rien und Thracien. Rollin (Hist. anciennc. T. I.
S. 406. der Pariſer Ausg. 1734. in 4). drückt ſich
alſo aus: La Grece ancienne, qui eſt maintenant la
partie meridionale de la Turquie en Europe, étoit
terminée au levant par la mer Egée, dite aujourdhui
l'Archipel; au midi, par la mer de Crête ou de
Candie; au couchant par la mer d'Jonie; & au
nord par l'Illyrie & la Thrace. „

In der Anzahl der Zeitperioden kommen ſie
auch überein, aber nicht in Anſehung der Gränzen,
die ſie dieſen Perioden beſtimmen. Rollins erſte
Periode erſtrecket ſich bekanntlich von der Gründung
der kleinen Königreiche in Griechenland bis auf die
Belagerung von Troja; die zweyte von der Einnahme von Troja bis auf die Regierung des Darius Hyſtaſpis; die dritte von dieſer Regierung
bis auf den Tod Alexander des Großen; und
die vierte, von dieſem bis auf die Verwandlung Griechenlands in eine römiſche Provinz.

Ro-

Robertson hingegen zieht die zwey ersten
Perioden Rollins, wie mir dünkt, ganz füglich
in eine zusammen; seine zwehte Periode fängt als-
denn mit dem Kriege zwischen den Griechen und Per-
sern an; und erstreckt sich bis an das Ende des Peloponnesischen Kriegs; die dritte aber fängt mit dem
Ende des Peloponnesischen Kriegs an, und geht bis
auf den Tod Alexanders des Großen. Nach
dieser Eintheilung beschreibt die Geschichte in der ersten Periode, die Kindheit, in der zwehten das männ-
liche Alter, in der dritten die Zeit der Abnahme des
griechischen Ruhms und der griechischen Macht, und
in der vierten die völlige Schwachheit des Greisen-
alters der griechischen Staaten.

Noch müssen wir einen Gedächtnißfehler be-
merken, der unserm Geschichtschreiber in einer Anmerkung (S. 78.) in die Feder gekommen ist, wo er
bey Gelegenheit der Insel Delos anmerkt: "Im
J. 1707 entstunden in der südlichen Gegend des
Archipelagus — drey oder vier Eylande. Das
größte von diesen heißt Santorini." Nicht
Santorini ist in diesem Jahr erst entstanden;
dieses ist eine uralte Insel; sondern in der Nachbarschaft derselben entstunden diese neue Inseln, wie
Tournefort in seiner Reise nach der Levante be-
richtet.

Nach

Nach diesen vier Perioden zerfällt das ganze Werk in vier Bücher, wovon das erste wieder in zwey Hauptstücke abgetheilt ist. Das erste derselben giebt eine allgemeine Nachricht von den alten Königreichen Griechenlands; von ihren frühesten Zeiten an, bis auf die Abschaffung der königlichen Regierungsform in allen, ausgenommen Sparta. Das letzte aber erzählt die Angelegenheiten Griechenlands von der Abschaffung der monarchischen Regierungsart in den vornehmsten Staaten an, bis auf des *Hippias* Flucht nach Persien.

Bey dem Vertrag der mythischen Geschichte bemüht sich *Robertson* oft sehr glücklich, der Fabel den Schleyer abzunehmen, und die Begebenheiten dem Leser unverhüllt darzustellen. Z. E. Die Fabel von der *Danae* und dem *Jupiter* erzählt er so: "*Acrisius* war der Vater der schönen *Danae*, die bey den Dichtern so berühmt ist. *Acrisius* war von einem Orakel gewarnt worden, daß sein Enkel seinen Tod veranlassen würde; und ließ daher seine Tochter strenge bewachen. Allein ein Prinz, Namens *Jupiter*, bestach ihre Wache, gelangte in den Thurm, worinn sie verschlossen war, und vermählte sich insgeheim mit ihr, und in dieser heimlichen Ehe wurde *Perseus* gezeugt. Diesem *Perseus* schreibt man viele Wunderthaten zu. Er soll Ungeheuer erlegt, die *Medusa*, die man für

für eine Königin in Afrika hält, und deren Reich er
eroberte, getödtet, und die Andromeda von einem Seeungeheuer, das ist, von irgend einem Menschen erlöst haben, der sie in einem Schiffe entführen
wollte. Endlich kam Perseus nach Theſſalien,
um gewiſſen öffentlichen Spielen beyzuwohnen, und
tödtete den Acriſius zufälliger Weiſe. "

Manchmal geht ihm aber doch die Gedult aus,
z. E. bey dem Mord der Danaiden, wo er ausruft:
"Ein albernes, ungereimtes und unglaubliches Mähr-
chen! "

In beyden Hauptſtücken treffen wir übrigens
abermal Rollins Plan mit einigen Veränderungen an. Eben ſo, wie dieſer, giebt auch Robertſon am Ende derſelben ein Verzeichniß der berühm-
teſten Dichter und Weltweiſen Griechenlands, und
ſeine Urtheile über ſie ſind insgemein die nämlichen,
welche ſchon Rollin gefället hat.

Das erſte Buch hat einen Anhang, der in zwey
Theile abgetheilt iſt, wovon der erſte in zweyen Abſchnitten von den ſpartaniſchen und athenienſiſchen
Staatsverfaſſungen, und der andere von der Erzie-
hung der Jugend, von öffentlichen Spielen und Ge-
prängen, und von Kriegs- und Religionsſachen unter den Griechen handelt. Auch hier werden aufe
merkſam

merkſame Leſer die Spuren des Rollin'ſchen Plans
entdecken.

Der zweyte Theil, inſonderheit iſt theils aus
dem zweyten Tom Rollins (S. 473 f. der oben
angezeigten Ausgabe) theils aus dem dritten (S.
1. ‒ 68.) obwohl mit vielen Abkürzungen genommen. Da, wo er von ſeinem Führer abgeht, fällt er
in kleine antiquariſche Irrthümer, z. E. (S. 118.)
wo er wider alle Zeugniſſe des Alterthums einen Lor-
beerkranz zum Preiß des Sieges in den olympiſchen
Spielen macht, ob er ſich gleich nachher S. 120 ſelbſt
widerſpricht, und ſagt, daß der Sieger mit einem Oli-
venkranze geſchmückt worden ſey; ſo wie er auch S.
125 gar zu beſtimmt ſagt, daß die Sieger bey den
Pythiſchen Spielen mit Lorbeern, die bey den
nemäiſchen mit Peterſilien, und die bey den iſthmi-
ſchen Spielen mit Fichtenlaub gekrönt worden ſeyen,
da doch ausgemacht iſt, daß bey dieſen nach der Ver-
ſchiedenheit der Zeit auch die Preiße verſchieden geweſen ſind.

In dem Eingang des zweyten Buchs er-
ſcheint Robertſon wieder als Robertſon
durch eine treffende Schilderung des Zuſtandes der
Griechen in dieſer Periode: "Die Griechen, ſagt er,
waren bisher in die Gränzen eines kleinen Landes
eingeſchränkt geweſen, und hatten wenige Gelegenheit
gehabt,

gehabt, ihre Tapferkeit und Tugend vor den Augen
der Welt zu zeigen. Allein der persische Einbruch,
der nun bald wie ein reissender Strom auf sie her=
braufen sollte, half ihre Verdienste in das hellste Licht
setzen, und öffnete ihrer Weisheit und Herzhaftigkeit
das weiteste Feld. Wir werden nun bald ein sehr
kleines Heer von Griechen kühn gegen eine so unge=
heuere Menge Feinde anrücken sehen, daß ein einzi=
ger Flug ihrer Pfeile die Luft verdunkelt haben soll.
Wie werden diese wenigen Griechen mit unerschrock=
nem Muthe diesen unermeßlichen Schwarm Perser
angreifen, und ganz in die Flucht schlagen sehen, und
finden, daß sie ihre Feinde auf eben die Art auch zur
See unter eben demselben Nachtheil in Ansehung der
Zahl, und mit eben demselben Erfolge angreifen.
Kurz, wir werden hier einen auffallenden Beweis von
der großen Ueberlegenheit geübter Tapferkeit über
den blinden ungestümmen Muth einer unordentlichen
Menge finden — Während dieser zweyten Zeit=
alters werden wir sehen, wie die Spartaner, die
vermittelst ihrer bewundernswürdigen Staatsverfaß=
sung und ihrer Privattugenden sich eine Ueberlegen=
heit über alle ihre Nachbarn erworben hatten, ihre
Gewalt mit einer Strenge mißbrauchen, die nach der
Härte ihrer Sitten schmeckt, und ihre Bundesgenos=
sen rauh und übermüthig behandeln. Zufolge die=
ses Verfahrens werden wir diese Bundesgenossen
des spartanischen Jochs je länger je überdrüßiger
werden,

werden, und endlich unter den Einfluß Athens ge=
rathen sehen, das eine so günstige Gelegenheit sehr
wohl zu nutzen weiß. Die Athenienser erlan=
gen also auch ihrer Seits das Uebergewicht in Grie=
chenland, und behaupten es bis auf den Peloponesi=
schen Krieg, bleiben immer ihren Verheissungen ge=
treu, behandeln die andern Staaten als ihres glei=
chen, und beweisen ihre Macht nur durch Wohltha=
ten — Dieser für Athen so glorreiche Zeitraum
dauert ungefehr funfzig Jahr lang. Endlich aber
ziehen sich auch die Athenienser durch ihren Ueber=
muth und ihre Frechheit den Haß der andern Staa=
ten zu, und der Ausgang des Peloponesischen Krieges
macht die S p a r t a n e r zum angesehensten Volke
in G r i e c h e n l a n d, ”

Dieses z w e y t e Buch ist wieder in verschie=
dene Hauptstücke abgetheilt. Das erste beschreibt
die zwey persischen Einbrüche in Griechenland unter
dem D a r i u s und X e r x e s; der zweyte die Aus=
gelegenheiten Griechenlands von dem letzten fehlge=
schlagenen persischen Einbruche unter X e r x e s an
bis auf den Anfang des Peloponesischen Krieges
— Hier wissen wir nicht, was (S. 212.) R o b e r t=
s o n bey den Worten gedacht habe: ”Um diese
Zeit (unter dem A r t a x e r x e s) fieng H e r o d o=
t u s an, seine Geschichte zu schreiben. Merkwür=
dig ist es, daß die Zeiten E s r a s, des letzten Ver=

fassers

faſſers biblſcher Geſchichte — mit den Zeiten des
erſten Verfaſſers der Profangeſchichte zuſammen treſ-
fen. Die bibliſchen Bücher waren damals, wenn
man auch nur von Abrahams Zeiten an rechnet,
ſchon ſeit 1500 Jahren vorhanden geweſen.” Hatte man dann zu Abrahams Zeiten ſchon bibliſche
Schriften? oder auch nur Schreibekunſt? Wir wun-
derten uns, wie Robertſon ſo ſchreiben konnte
— wir ſchlugen den Rollin auf — und fanden, daß Robertſon nur ſein etwas flüchtiger
Epitomator ſey. Rollin (Tom. II. 143. der angezeigten Ausgabe) ſchreibt: Lorsqu'Esdras étoit
en autorité, comme ſon principal but étoit de re-
tablir la religion dans ſon ancienne pureté, il mit
en ordre les livres ſaints, dont il fit une exacte reviſi-
ſion & ramaſſa les anciens memoires du peuple de
Dieu pour en compoſer les deux livres de Parali-
poménes ou chroniques, auxquels il ajouta l'hiſtoire
de ſon tems, qui fut achevee par Nehemie —
Pendant qu'Eſdras & Nehemie faiſoient la der-
niere partie de ce grand ouvrage (de l'hiſtoiré ſa-
inte) Herodote, que les auteurs profanes appellent
le pere de l'hiſtoire, commençoit à ecrire. Ainſi
les derniers Auteurs de l'hiſtoire ſainte ſe rencon-
trent avec le premier Auteur de l'hiſtoire grecque;
& quand elle commence, celle du peuple de Dieu,
à la prendre ſeulement depuis Abraham, enfer-
moit deja quinze ſiecles. Das

Das dritte Hauptstück erzählt die Geschichte des Peloponnesischen Kriegs. Auch hier finden wir den Epitomator Rollins, auffer daß der Charakter des Perikles noch etwas stärker, als in diesem, geschildert ist.

Uebrigens wird auch dieses Buch nach der Weise Rollins mit einer Abhandlung von den berühmten griechischen Schriftstellern, Weltweisen und Künstlern beschloffen, hier rettet R. (S. 307) die Treue des Herodotus durch die Anmerkung über eine Stelle in seiner Eutrope, (S. 164. der zweyten Stephanischen Folioausgabe) wo er erzählt, daß ihn die Egyptier versichert haben, während des Zeitraumes, den ihr Vaterland schon gedauert habe, hätten sich vier denkwürdige Veränderungen im Laufe der Sonnen ereignet; sie sey nämlich zweymal in eben dem Punkte untergegangen, worinn sie damals aufgienge. Herodotus, setzt Robertson hinzu, erzählt diese Sage, ohne seine Meynung über die Möglichkeit oder Unmöglichkeit desjenigen, was die Egyptier behaupteten, zu äuffern. Augenscheinlich haben die Egyptier selber diesen Begriff vom Hörensagen erhalten, ohne die Ursache des Phänomens, wovon sie redeten, zu begreifen. Denn hätten sie die Ursache des Phänomens eingesehen, so hätten sie auch deutlich wissen müssen, daß es einen unstreitigen

Beweis

Beweis von der noch erſtaunlich viel längern Dauer
ihres Landes, als ſie ſelber ihm zuſchrieben, gewährte.
In der That weiß und glaubt jetzt jeder Sternkundige,
daß in einem ſehr langen Zeitraume von nicht weni=
ger als 25,920 Jahren das hier der Sonne zuge=
ſchriebene Phänomenon ſich wirklich zufolge der von
den Aſtronomen ſogenannten Präceßion der Aequi=
noxe ereignet u. ſ. w. ”

Das dritte Buch iſt in fünf Hauptſtücke
zerſchnitten, wovon das erſte die Angelegenheiten
Griechenlandes vom Ende des Peloponneſiſchen Krie=
ges bis auf den Frieden des Antalcides; das
zweyte die Angelegenheiten Griechenlandes, vom Frie=
den des Antalcides an, bis auf den Beſchluß des
Kriegs der Bundesgenoſſen; das dritte die Unter=
handlungen in Griechenland vom Ende des Kriegs
der Bundesgenoſſen bis auf den Tod Philipps,
Königs von Macedonien; das vierte die Angelegen=
heiten der Griechen, Macedonier und Perſer, von
Philipps Tode an bis auf den Tod des Darius Co=
domannus, Königs von Perſien; das fünfte die An=
gelegenheiten der Griechen, Macedonier und Perſer,
vom Tode des Darius Codomannus bis auf den Tod
Alexanders des Großen. Den Beſchlus macht wie=
der ein Verzeichniß der berühmten Schriftſteller,
Weltweiſen, Künſtler u. ſ. w. In das erſte Haupt=

ſtück

ſtück iſt die Geſchichte des Sokrates und Eva-
gotas eingewebt, und dabey überall Rollin,
auch in Anſehung des Urtheils über den Genius des
Sokrates, auf eine ſichtbare Weiſe benutzt. In
dem vierten Hauptſtück (S. 529.) wird der Zug
Alexanders nach Jeruſalem mit allen den
Umſtänden, die Rollin aus dem Joſeph anführt, erzählt, ohne auf die Zweifel zu ſehen, welche
unter andern im 7ten Theil der allgemeinen Welthi-
ſtorie (S. 281.) dagegen gemacht worden ſind.

Das vierte Buch, welches die Geſchichte
Griechenlands vom Tode Alexanders des Groſſen an, bis auf die Zerſtörung der Stadt Corinth
und die Verwandlung Griechenlands in eine römiſche Provinz abhandelt, iſt nur in zwey Hauptſtücke
zerlegt, worinn das erſte die Angelegenheiten Grie-
chenlauds, von dem Tode Alexanders an, bis
auf die Eroberung der Stadt Sparta vom An-
tigonus, und das andere, von der Einnahme dieſer
Stadt bis auf die Zeit beſchreibet, da ganz Altgrie-
chenlaud in eine römiſche Provinz verwandelt wurde,
und ſich mit einem räſonirenden Verzeichniß berühm-
ter griechiſcher Schriftſteller u. ſ. w. ſchließt.

Auch in dieſem Buch findet man deutliche Spuren von dem Gebrauch, den Robertſon von
Rollin's alter Geſchichte gemacht hat. Rollin

R 3 ſagt

ſagt z. E. in dem Avantpropos zum vierten Bande
(S. 2.) Ce ne ſont plus ces beaux ſiecles de la Grè-
ce, feconds en grands exémples. Si l'on en trou-
ve encore quelques traces & quelques reſtés ce ſont
comme des éclairs, qui paſſent rapidément, & qui
ne ſe font remarquer, que par la profonde nuit, qui
les précéde & les fuit. Und Robertſon in dem
Eingang des vierten Buchs: "Die an großen Män-
nern und großen Thaten ſo fruchtbaren ſchönen Tage Griechenlands ſind nun vorüber, und wann ſich
noch einige Spuren und Ueberreſte ſeiner alten Tugend bisweilen zeigen, ſo kann man ſie doch nur mit
den Blitzſtralen einer dunklen Nacht vergleichen, die
nur einen Augenblick leuchten, und die Finſterniß dadurch ſichtbarer machen."

Abermal ſagt Rollin eben daſelbſt: Dix ou
douze Capitaines d'Alexandre ſe font mutuellement
la guerre après ſa mort pour partager entr'eux ſon
empire, & pour s'aſſurer chacun quelque demembre-
ment plus ou moins grand de ce vaſte corps. Tantôt
amis feints, tantôt ennemis declarés, ils forment differens partis differentes ligues, qui ne durent, qu'autant
que l'interêt de chaque particulier le ſouffre. Und
Robertſon ſchreibt ſo: Wir werden nun zehen bis
zwölf Feldherren Alexanders einander zwanzig
Jahre lang bekriegen ſehen, um ſich in irgend einem
Theil ſeines ungeheuern Reichs unabhängige Herr-
ſchaften

schaften zu verschaffen. Bald ergreifen sie als vorgebliche Freunde, und bald als offenbare Feinde diese oder jene Parthey, je nachdem ihr Vortheil oder Eigensinn sie auf diese oder jene Seite wiegt."

In diesem Buch ist auch dieses auffallend, daß (S. 702 unter die Zahl der griechischen Redner auch die Kirchenväter, Basilius, Gregorius, Chrysostomus gesetzt werden, welche doch in ein ganz anderes Zeitalter gehören.

Das fünfte Buch kann nur als Anhang der Geschichte von Alt-Griechenland betrachtet werden, und enthält eine kurze Geschichte der wichtigsten Begebenheiten auf der Insel Sicilien. Manche Leser würden gewünscht haben, daß Hr. Robertson, da er die Geschichte von Sicilien mitnahm, auch die von Groß-Griechenland in seinen Plan mit eingeschlossen hätte. Allein auch hierinn folgt er Rollins Plan, und gedenkt nur, wie jener, der drey Städte daselbst, Crotona, Sybaris und Thurium (S. 772.) sehr kurz, und einiger berühmten Gelehrten und Gesetzgeber aus diesem Lande, des Pythagoras, Charondas und Zaleukus.

So viel wird genug seyn, aufmerksame Leser zu überzeugen, daß das Buch, von welchem wir

R 4 bisher

biſher geredet haben, des großen Mannes, deſſen Namen es trägt, nicht ganz würdig ſey; daß er uns darinn einen nach ſeiner Art epitomirten, und an eis nigen wenigen Stellen erweiterten Rollin, und ſonſt nichts, geliefert habe; und daß die teutſchen immer noch gar zu gutwillig ſind, und ſich Copien ihrer Nachbarn für Originalwerke eines Meiſters verkaufen laſſen.

9.

Neue hiſtoriſche Abhandlungen der baieriſchen Akas demie der Wiſſenſchaften. **Erſter Band.** 1779. München, gedruckt bey Joh. Paul Vötter. ſ Alph. 8 Bogen in 4, nebſt 7 Kupferblättern und einem illuminirten Lands kärtchen.

Die gründlichen Geſchichtforſcher, aus denen die hiſtoriſche Klaſſe der zu München blühenden Akademie der Wiſſenſchaften beſtehet, haben beſchloſs ſen, ihre Ausarbeitungen, die auf zehn Quartbände im Druck angewachſen waren *), bey der durch Abs ſterben

---

*) Vergl. fortgeſ. Betracht. üb. d. neu. hiſt. Schr. Th. 4. S. 237 u. ſf.

sterben des Kurfürsten Maximilians Josephs bewürk-
ten Veränderung in der baierschen Erbfolge, unter
obigen neuen Titel weiter herauszugeben. Sie liefern in diesem ersten Bande ihrer Neuen Abhandlungen sieben Untersuchungen, die fast alle der Geschichte und den mit ihr verwandten Wissenschaften
Erweiterung und Zuwachs verleihen. Folgende Anzeige wird unser Urtheil beweisen.

1. P. Roman Zirngibels, Benedikti-
ners und Bibliothekärs zu St. Emmeram in Regen-
spurg, Abhandlung von den baierischen Herzogen vor
Karls des Grossen Zeiten, von ihren Regierungs-
jahren, Familien und vorzüglichen Thaten S. 1—266.
Es ist dies eine Preißschrift, deren wir zu ihrer Zeit
gedacht *) und ihren Abdruck längst gewünscht hatten. Ehe Hr. P. Zirngibel den ersten Herzog in
Bayern bestimmt, untersucht er die Ursache der so
sehr verschiedenen Systeme und Ordnungen der ältesten Herzoge in Bayern. Der Grund liegt in der
grossen Verschiedenheit der Meynungen über das
Jahr der Ankunft des heil. Ruprecht, des Apostels
der Bayern. Nunmehr ist es wohl keinem Zweifel
mehr unterworfen, daß dies das Jahr 696 ist, daß
folglich Aventin und Arenpeck, die den heil. Rupecht
schon im I. 537 nach Bayern kommen ließen, wie

R 5 nicht

*) Vergl. fortges. Betracht. Th. 2. S. 348 und 549.

nicht weniger Welſer, der das J. 616 annimmt, ſehr geirrt, folglich ganz ungegründete Syſteme von den bayriſchen Herzogen vor Karls des Großen Zeit er- dichtet haben.   Auch das neueſte Syſtem des Hrn. Grafen von Büoet (in deſſen Hiſt. ancienne des peu- ples de l'Europe) gefällt unſerm Forſcher nicht: wohl aber das Mabilloniſche, welchem nach der erſte ge- wiſſe und ſichere Regent in Bayern Goribald der rſte geweſen iſt. Es wird gezeigt, daß dieſer Garibald be- reits im J. 553 oder längſtens 554 Regent in Bayern war.   Aber deswegen glaubt Hr. Z. nicht mit Hrn. Mederer (in deſſen D. de Garibaldo, die er hernach im erſten Stück ſeiner Beyträge zur Geſchichte von Bayern vermehrt herausgegeben, welches nach Ab- faſſung der Zirngibelſchen Preißſchrift geſchehen iſt), daß dieſer Garibald der erſte Agilolfinger geweſen ſey, der in Bayern regiert habe; ſondern es ſcheint ihm richtig zu ſeyn, daß vor ihm ſchon Regenten aus dieſem Geſchlecht daſelbſt geweſen.   Garibalds Ge- mahlin war Walderade, eine longobardiſche Prinzeſ- ſin, mit der er zween Prinzen, Grimoald und Guns- doald, und zwo Prinzeßinnen zeugte. — In ei- ner weitläufigen Anmerkung S. 36—40 ſtehen kri- tiſche Bemerkungen über Garibalds Kindskinder, die das longobardiſche Scepter geführt haben, z. B. Per- tharit, Gunibert oder Kunibert, Luitpert, Aris- bert. — Garibald übte königliche Vorrechte aus.

Wahr-

Wahrscheinlich war er ein Christ. Erdichtung ist es, daß er im J. 563 die Hunnen mit Hülfe des austrasischen Königs Siegebert aus Bayern vertrieben. Seine guten Gesinnungen gegen den austrasischen Hof änderten sich um das J. 575, und acht Jahre hernach wurde er noch mehr gegen ihn erbittert, als Siegeberts Sohn, Childebert der 2te, die mit ihm versprochene bayrische Prinzeßin Theodeliade, auf Verhetzung seiner Mutter Bruerhild, verstieß. Garibald verlobte sie hernach, wie bekannt, mit dem longob. König Autharis. Das daraus entstandene Bündniß zwischen den Langobarden und Bayern suchte der fränkische Hof im J. 589 zu trennen: doch ist es ungegründet, daß Bayern von den Franken im J. 588 wär' erobert worden. Allein, im J. 590 eroberte Childebert fünf Schlösser in Bayern, und zwang Garibalden, in das alte Bündniß mit den Franken zurückzutreten. Es ist unrichtig, wenn behauptet wird, daß Bayern um 590 ohne Regenten gewesen oder Garibald sein Land habe räumen müssen: vielmehr blieb Garibald, nach hergestellten Frieden mit den Franken, ruhig in dessen Besitz, bis an sein Ende, das im J. 595 erfolgte. (Nach Hrn. Mederer 596). — Ehe Hr. 'Z. weiter geht, wirft er die Frage auf: Warum Garibalden weder sein Sohn Grimoald noch Gundoald in der bayrischen Regierung gefolget? (Denn

Gari-

Garibalds Nachfolger, Taßilo der 1ſte, war nicht,
wie einige, und zwar neuerlich Hr. Mederer, meynen,
deſſen Sohn). Von dem letztern iſt es begreiflich;
er beſaß ein longobardiſches Herzogthum, und hatte
wegen ſeiner Schweſter Theodelinde Ausſichten, König der Longobarden zu werden; wie dies einem ſeiner Prinzen wirklich geſchehen iſt. Aber warum
Grimoald ſeinem Vater nicht gefolget, läßt ſich
nicht errathen: man müſte ihn denn vor dem Vater
ſterben laſſen, und ſo den Knoten unhiſtoriſch zer-
hauen. Vielleicht waren die Ränke des fränkiſchen
Hofs Schuld daran, daß in Taßilo's Perſon ein andrer Agilolfingiſcher Zweig ſuccedirte. Mit einem
Wort, es fehlen uns hierinn die gehörigen Nachrichten!

Von Taßilo's des 1ſten Familie läßt ſich nichts
erzählen, als daß er einen Sohn, mit Namen Garibald, gehabt, der ihm in der Regierung Bayerns
nachfolgte. Von ſeinen Thaten kann man eben ſo
wenig melden. Wahrſcheinlich beherrſchte er ſeine
Unterthanen friedlich bis an ſein Ende, welches,
wie hier kritiſch bewieſen wird, im Jahr 609
erfolgte.

In demſelben Jahr kam ſein Sohn Garibald
der 2te, zur Regierung. Seine Gemahlin war
Gaila,

Gaila, eine fränkische Prinzeßin, mit der er Theodo den 1sten erzeugt zu haben scheint. Gleich
beym Anfang seiner Regierung führte Th. Krieg mit
den Slaven. Unter ihm, und zwar im J. 617,
predigten Eustasius und Agilus das Christenthum in
Bayern, weil die Bewohner dieses Landes häufig
durch Irrlehrer waren verführt worden. — G.
machte dem austrasischen Hof ein besonderes Bündniß wider die Slaven und Avaren; welches Hr. J.
für einen überzeugenden Beweis hielt, daß die bayrischen Regenten souverän geherrscht, und der austr.
Hof weder in Kriegs- noch Staatsangelegenheiten
sich zu mischen befugt war, ausgenommen, es hätte
diesen Hof ein neues Bündniß oder Vertrag dazu
berechtiget. Und doch glaubt er mit dem Abbt De-
sing, der fränkische König Dagobert habe mit Garibalds und seiner Stände Einstim-
mung die bayrischen Gesetze in die heutige Ordnung gebracht; oder, wie er sich hernach ausdrückt,
G. habe mit Hülfe des fränkischen Hofs
seiner Nation ein Gesetzbuch gegeben. Nach einer
abscheulichen That, da er, dem fränkischen Hof zu
gefallen, 9000 Bulgaren in einer Nacht umbringen
ließ, starb Garibald der 2te um das J. 640.

Ihm folgte Theodo der 1ste, von dessen Herkunft und Familie nichts Zuverläßiges beygebracht
werden

werden kann. Mit dem heil. Emmeram hatte er einen sehr vertraulichen Umgang; daher es wahrscheinlich ist, daß er ein Christ gewesen. Er baute auch
über das Grab dieses Heiligen das jetzt noch blühen-
de Stift St. Emmeram in Regensburg, dessen Bewohner sich in unsern Tagen durch Fleiß und Gelehrsamkeit vor vielen andern teutschen Klöstern auszeich-
nen, und worunter unser Verfasser einen vorzüglichen Platz behauptet. Nach langwierigen Kriegen
mit den Avaren starb Theodo der 1ste im J. 680.

Theodo der 2te, dessen Nachfolger, mußte
gleich nach dem Antritt seiner Regierung mit dem
tridentinischen Herzog Alachis einen verdrießlichen
Krieg führen, bekümmerte sich übrigens wenig um
das Bündniß mit dem austrasischen Hof: doch
scheint es, daß er es nach dem J. 687, als sich Pipin von Herstall gegen den K. Dieterich von Neu-
strien und Burgund gesetzt hatte, wieder habe erkennen müssen. Der heil. Ruprecht taufte diesen
Fürsten, der vorher ein Götzendiener gewesen; welches letztere gegen den Grafen von Büat bewiesen
wird. Dieser Th. beförderte hernach die Ausbrei-
tung der christl. Religion gegen die häufigen Irrlehrer ungemein. Er schenkte auch dem heil. Ruprecht
die in ihrem Schutt begrabene Stadt Juvavium,
oder das heutige Salzburg, nebst einem Bezirk von

mehr

mehr denn zwo Meilen und einigen Dorfschaften.
Bekannt ist die von ihm geschehene Theilung seiner
Staaten unter sich und seine drey Söhne, Theudes
bert, Genoald und Theudoald. Sie bestand schon
im J. 702, ward aber nicht erst in diesem Jahr, wie
Hansiß glaubt, gestiftet. Aber wie ist damahls
Bayern zertheilt worden? Der älteste Prinz bekam
Boßen (Bauzanum) zur Residenz, und sein Gebiet
gieng bis an die italische Gränze. Der andte erhielt
das, was man Sudgau oder Bavariam australem
nennet, und Freysingen war sein Hauptort; wie bes
reits Hansiß behauptet. Das mitternächtige Bayern
hatte Theodo mit dem jüngsten Prinzen, Theudoald
getheilt. Der Vater behielt Niederbayern bis an
die Ems und was damahls Norikum hieß; Regens
burg war seine Hauptstadt; und dem Sohne gab er
die Stadt Passau nebst dem Nordgau. Doch ist
diese Gränzbestimmung Aventus und Hansißens nicht
außer allem Zweifel gesetzt. — Theudoald, der
mit Pilitrud, einer Tochter Pipins und Ploktrudens,
die bekannte Sonnehild gezeugt, starb zuerst unter
seinen Brüdern und noch vor dem Vater, im J. 713,
nachdem er, wie hier sehr wahrscheinlich gemacht
wird, den Nordgau den Thüringern abgenommen
hatte, Seinen Antheil erhielt Theudebert. Theos
do stellte noch in seinem hohen Alter eine Wallfahrt
nach Rom an (716), und ersuchte Papst Gregor
den

den 2ten um noch stärkere Beförderung des Christenthums in Bayern, der dann drey Legaten ab-
sandte, aus deren noch vorhandenen Instruktion
man den damaligen Zustand der bayrischen Kirche
erkennen kann. Noch in demselben Jahr und in
Gegenwart der Legaten hielt Theodo eine Kirchenversammlung zu Regensburg, auf welcher die ersten
bayrischen Bischöffe gemacht wurden. (In der übrigens so vollständigen Walchischen Geschichte der Kir-
chenversammlungen fehlet diese regensburgische).
Theodo nahm auch den h. Korbinian auf und überhäuf-
te ihn mit Schenkungen; welches hier die letzte
vorzügliche That dieses Herzogs genennt wird.
Als er 717 starb, behielt Grimoald die von ihm seit dem
Tode Theudoalds besessenen Staaten, und Theudebert
zog nebst Theudoalds Gebiet auch den Antheil des Va-
ters an sich, so daß er das ganze mitternächtige Bayern
und Norikum, Grimoald aber das mittägige, und Rhä-
tien beherrschte; wie bereits Hansiz gezeigt hat. Theudeberts Prinzeßin Guntraud bekam den longob. K. Luitprand zum Gemahl um das J. 716. Theudebert hatte diesen Luitprand und dessen Vater Ansprand, der seine
Zuflucht zu ihm genommen, auf dem longob. Thron gebracht. Er stiftete das Kloster Nunberg, und beschenkte die salzburgische Kirche reichlich. 722 starb er. Der
noch übrige Bruder, Grimoald, stiftete auf Korbi-
nians Ersuchen die freysingische Kirche, und das Klo-

                                                    ster

ster Weichenstephan. Nach Theudeberts Tode entstanden Unruhen in Bayern wegen der Erbfolge.
Grimoald verlohr dabey einen Theil seiner Staaten,
und ein oder zwey Jahre hernach das Leben. Theudeberts Sohn, mit Namen Hugobert oder Hukbert,
folgte im J. 725 (welches in einem eigenen §. bewiesen wird) dem unglücklichen Grimoald in der Regierung, unter Karl Martells Begünstigung, der sich in die
erwähnten Unruhen gemischt, aber Bayern nicht zu
einer fränkischen Provinz gemacht, wie Eckhart behaupten wollte. Karl Martell führte 728 Krieg
mit ihm; man weiß nicht warum? Unter andern
Religionshandlungen ersuchte Hukbert im J. 736
den berühmten Bischoff Bonifaz seine Staaten zu
besuchen, und dieser kam wirklich in demselben Jahr
nach Bayern. 737 starb Hukbert.

Der folgende Herzog, Odilo, war kein Sohn
Hugoberts, wie Aventin vorgiebt, sondern wahrscheinlich ein Sohn Theodo des 2ten. Er vermählte
sich mit Karl Martells Tochter Hildrude, wider den
Willen ihrer Brüder, Karlmann und Pipin. Odilo versetzte den bischöfflichen Stuhl von Lorch nach
Passau, rief Bonifazen 739 nach Bayern, hielt
eine Kirchenversammlung zu Regensburg, und theilte Bayern in 4 Kirchensprengel. Im J. 748 hielt
er noch eine Kirchenvers. zu Regensburg. Seine

Mißhelligkeiten mit Karlmann und Pipin, die vorher
ihre Stiefmutter Sonnehild gefangen genommen und
in ein Kloster gesteckt, ihren Stiefbruder Grifo aber
von ihr entfernt hatten, brachen in einen, für Odilo
nachtheiligen Krieg aus (743). Er wurde gefangen nach Westfranken abgeführt, aber um 745 wieder als Regent eingesetzt. O. setzte den heil. Wir-
gil zum Bischoff von Salzburg ein. (Dabey wird
der nicht unwahrscheinliche Schluß gemacht, daß die
Agilolfingischen Regenten das unstreitige Recht hatten, die Bisthümer ihres Landes zu vergeben).
Wegen vieler Schenkungen an Kirchen und Klöster
wird O. sehr erhoben. Wahrscheinlich auf Bonifa-
zens Zureden führte er den Benediktinerorden in
Bayern ein. Das Absterben dieses Fürsten setzet
Hr. Z. ins J. 748. — Sein Sohn, Taßilo der
2te, folgte ihm in der Regierung. Er war aber
noch minderjährig und stand unter der Vormundschaft
seiner Mutter und der Landesstände; nach ihrem Tode wurde König Pipin Vormund. Nach 763 vermählte sich T. mit der longobardischen Prinzeßin Luit-
perg, und zeugte mit ihr zween Prinzen und eben so
viel Prinzeßinnen. Grifo, Pipins Stiefbruder,
suchte, mit Hülfe mißvergnügter Bayern, die der
fränkischen Oberherrschaft gram waren, den Herzog
Taßilo seines Landes zu berauben: aber Pipin schüz-
te ihn. T. wohnte den meisten Feldzügen Pipins,

seines

ſeines Verwandten und Oberlehnsherrn, bey; oder
vielmehr, er mußte, vermöge des, ihm abgenö-
thigten Lehnseides. Er wurde endlich mißvergnügt
über die vielen Aufgebote und Auszüge ſeines Adels
und ſeiner Unterthanen, von denen die wenigſten ihr
Vaterland wieder ſahen. (Dieſe Urſache wird nur
muthmaßlich, aber freylich höchſt wahrſcheinlich, angegeben, nach Aventins Vorgang). Er verließ den
fränkiſchen Hof, und wiederrief ſein Huldigungseid
763. Der Pabſt vermittelte einen Vergleich zwiſchen Pipin und Taßilo, und zwar, wie Hr. Z. vermuthet, um letztern von den Longobarden, die den
Päbſten verhaßt waren, zu trennen. Das Mißver-
ſtändniß, das ſich zwiſchen dem neuen fränkiſchen K.
Karl dem Großen und Taßilo außpann, tilgte der
Abt Sturm von Fulda (daß Berta, Karls Mutter,
dies mit bewerkſtelliget, ſcheinet Hr. Z. in Zweifel
zu ziehen). Die Einigkeit wurde durch die vom
Pabſt hintertriebene Vermählung zwiſchen fränkiſchen
und longobardiſchen Prinzen und Prinzeßinnen ge-
ſtöhrt. Nach hergeſtelltem Frieden mit den Franken war T. im Stande, die Karantaner oder Karin-
thier ſich oder vielmehr den Franken zu unterwer-
fen.*), um ſeinen Unterthanen neue Geſetze zu ge-

ben,

*) Oder vielmehr den Franken; denn ſo ſagt der
Verf. der Lebensgeſchichte des heil. Virgils, woraus
dieſe

ben, die seiner Souveränität angemessen und dem mit den Franken eingegangenen Bündniß nicht zuwider waren. Die ohnehin bekannten Umstände von Karls des Großen letzten Feindseligkeiten gegen Taßfilo und deffen Familie, die sich damit endigten, daß jenem seine Länder genommen und er nebst den Seinigen in Klöster gesteckt wurde, sind hier gründlich vorgetragen, aber sonst schon bekannt. Hr. Z. erzählt hierauf noch mehrere Handlungen dieses Fürsten, besonders seine vielen und wichtigen Schankungen (so heißt es hier und in den meisten römisch-katholischen Schriften, statt Schenkungen, welches, wie bekannt, richtiger ist). Bey dieser Gelegenheit, wo von der paffauischen Kirche die Rede ist, die Taßilo so reichlich beschenkte, theilt Hr. Z. sieben vorher ungedruckte Urkunden mit, die unter der Regierung dieses Herzogs ausgefertiget, folglich sehr alt und schätzbar sind. Der darauffolgende, auch jetzt zuerst gedruckte Brief von einem ausländischen Bischoff Klemens an T. ist blos erbaulich, dem Historiker gleichgültig. — Das Todesjahr dieses letzten Agilolfingischen Herzogs läßt sich so wenig bestimmen, als seine Grabstätte und

das

---

diese Begebenheit geschöpft ist, ausdrücklich: aber Hr. Zirngibel, der überall durchaus die alten bayrischen Herzoge souverän sehen oder machen will, läugnet es, blos muthmaßlich.

das Schicksal seiner Familie. Wahrscheinlich sind alle Glieder derselben in Klöstern umgekommen.

Aus dieser ganzen Abhandlung leuchtet eine unermeßliche Belesenheit, ein unermüdliches Forschen nach Wahrheit und nicht gemeiner Scharfsinn hervor. Auch die Einkleidung ist nicht so trocken, wie in andern ähnlichen Untersuchungen, bey deren Verfertigung alle Thatsätze aus mangelhaften, unfruchtbaren Chronicken, Urfunden und Heiligengeschichten mühsam zusammen gesucht werden müssen. Nur hier und da schmeckt der teutsche Ausdruck nach dem Lande, in dem Hr. P. Zirngibel lebt. Vornämlich hielt es schwer, bis wir uns seine, den Wörtern Probe und probiren untergelegten Bedeutungen geläufig machten; es heißt nämlich bey ihm so viel, als Beweiß und beweisen.

2. Anton Joh. Lipowsky historische Prüfung der Frage, ob Kaiser Ludwig IV mit seinem Gegenkaiser, Friedrich dem Schönen von Oesterreich, das teutsche Reich gemeinschaftlich beherrschet habe? S. 269—348. Ohngeachtet dessen, was Baumann, oder vielmehr Köler, Friedr. Wideburg, und andre über diese Frage geschrieben, sind doch noch einige Zweifel übrig geblieben, die hier, wie uns deucht, vollends gründlich gehoben werden.

Hr.

Hr. L. beweißt nämlich folgende bereits bekannte
Sätze durch manche neue Gründe: 1) daß Herzog
Friedrich durch den Vertrag zu Traußnitz am 21sten
März 1324 Verzicht auf die Kaiferkrone gethan;
2) daß dieser Vertrag nicht vollzogen worden, sondern daß beyde, vermög einer zu München am 5ten
Sept. 1325 geschehenen Verabredung *) das teutsche Reich gemeinschaftlich verwalten wollten; daß
aber 3) diese eben so wenig, als die zwischen ihnen
hernach in Unterhandlung gewesene Vertheilung des
teutschen und italiänischen Reichs in Erfüllung gekommen, weil die Reichsstände zu beyden Schlüssen
ihre Einwilligung nicht geben wollten; sondern daß
4) Herz. Friedr. sich am Ende, vermög einer mit K.
Ludwig zu Insbruck gehaltenen Unterredung, mit
dem bloßen Königstitel begnügt, und Ludwig allein
regiert habe.

3. Karl Albr. von Vacchiery Ab-
handlung über die Grabstätte und Grabschriften einiger Herzoge aus Bayern S. 351 — 382. Erst
Grabschriften von den Särgen acht bayrischer Fürstenpersonen aus dem 16ten, 17ten und 18ten Jahrhundert, mit einigen Erläuterungen; alsdann eine
historisch-kritische Untersuchung der Frage: Wer
allen-

---

*) Hr. L. theilt die darüber ausgestellte Urkunde mit: wir
finden aber keine Anzeige, woher er sie genommen.

allenfalls jene XI Fürstenpersonen, deren Köpfe und
Gebeine in der fürstl. Gruft aufbewahret werden,
aus dem baierisch-herzoglichen Hause seyn könnten? Da nicht die geringste schriftliche Anzeige
bey jenen Gebeinen befindlich ist, so konnte Hr. v.
B. nichts anders, als bloße Vermuthungen darüber
äußern, die uns äußerst unsicher und unerheblich
scheinen.

4. Michael Steins, des befreyten Kol-
legiatstifts bey St. Joh. Bapt. zu Rebdorf Chorherrn und Bibliothekars, Abhandlung von dem ehemaligen Bißthume zu Neuburg an der Donau S.
385—424. Hr. St. ist schon aus einer im 5ten
Th. des Geschichtforschers befindlichen Abh.
über das ehemalige Kloster Königshofen, als ein
wackerer Kenner der Kirchengeschichte des mittlern
Zeitalters bekannt. Hier hat er sich zu seinem noch
größern Vortheil gezeigt. Daß im achten Jahrh.
zu Neuburg an der Donau ein bischöflicher Siz gewesen, ist noch nie in Zweifel gezogen worden: aber
man hat bisher wenig oder nichts von dessen Beschaffenheit und Dauer gewußt. Durch ein bewunderns-
würdiges Forschen ist es endlich unserm Verfasser
gelungen, uns wenigstens einige Auskunft darüber
zu ertheilen. Er untersucht zuerst: Wann und von
wem ist dieses Bißthum errichtet worden? Antw.

Unter

Unter Pabſt Gregor dem 3ten und dem fränkiſchen Herzog (nicht König, wie ihn Hr. St. nennet) Karl Martell 740. Der erſte Biſchoff hieß Wicco oder Wiggo. Eckhart, der ihn nach Augsburg ſetzet, wird widerlegt. Höchſt wahrſcheinlich iſt auch die erſte bayriſche Synode in Neuburg 740 ge= halten worden. In einer andern Synode, vermuth= lich 745, wurde Wicco ſeines Amts entſetzt. (Bey Beſtimmung dieſes Umſtandes mußte Hr. St. das Sterbejahr des bayr. Herz. Odilo unterſuchen, und er nimmt, ſo wie Hr. P. Zirngibel, 748 dafür an, und braucht dabey neue Gründe. Der 2te Biſch. zu Neuburg hieß Manno oder Mammo, von dem nichts weiter bekannt iſt, als daß er zwiſchen dem J. 772 und 774 mit Tod abgegangen. Hildegar war ſein Nachfol= ger. (Gelegentlich vermuthet Hr. St. daß Nuen= heim, das vor einigen Jahren durch die Abhandlun= gen des Hrn. P. Scholliners de ſynodo Nuenhei= menſi bekannter geworden, nichts anders ſey, als Neuburg an der Donau). Sehr wahrſcheinlich folgte nach Hildegar Simpert, vorher Abbt zu Murr= bach, hernach Biſchoff zu Augsburg. Er war der letzte Biſchoff zu Neuburg, indem er dieſes Bißthum und deſſen Gerechtſame mit ſich nach Augsburg brachte; oder, um deutlicher zu ſprechen, indem un= ter ihm Neuburg dem Bißthum Augsburg einverleibt wurde; wie ſchon P. Hanſitz gezeigt hat. Hr. St.

unter=

unterstützet dies gegen diejenigen, die das Hochstift Regensburg zum Erben des Neuburgschen Bißthums machen wollen, mit neuen Gründen. Verschiedene, hier glücklich entdeckte und scharfsinnig geprüfte Umstände machen es höchst wahrscheinlich, daß die Translation des neuburgischen Bißthums im J. 801 geschehen ist. — Beym Schluß dieser schönen Abh. macht Hr. St. Hoffnung zu einer Schrift de comitatu Neoburgensi medii aevi, wovon uns bis jetzt aus einer Urkunde Kaiser Heinrichs vom J. 1007 nichts als der bloße Name bekannt ist. — Uebrigens gehört zu gegenwärtiger Abh. ein sauber gestochenes und illuminirtes Landkärtchen von der ehemaligen neuburgischen Diöces, von Hrn. Stein gezeichnet, und von Hrn. Jos. Anton Zimmermann gestochen.

5. Augustins May. Lipowsky, regulirten Chorherrn zu Reichersperg, historisch-heraldische Abfertigung der wider die Abhandlung von dem Wappen der Pfalzgrafen von Wittelsbach, nachmaliger Herzoge in Bayern, gemachten Einwendungen eines Ungenannten S. 427 — 460. Die Abhandlungen des Hrn. L. gegen welche ein Ungenannter zu Felde gezogen, stehen im 10ten B. der Abh. der churfürstl. bayr. Akad. der Wissensch. Der Ungenannte ist uns so unbekannt, als seine Schrift, deren

Titel

Titel Hr. L. billig hätte anführen sollen. Er sey aber, wer er wolle, so ist nicht zu läugnen, daß Hr. L. dessen Stöße sehr geschickt auspariret und seine Behauptungen noch mehr befestiget, daß Pfalzgraf Otto, der mit K. Friedrich dem 1sten 1155 den ersten Feldzug nach Italien unternommen, und während desselben das Reichspanier mit dem Adler geführt, im J. 1158 noch kein Siegel, viel weniger ein Geschlechtszeichen darinn gehabt haben könne, und daß er sich dazu den einfachen Adler erst während, oder seitdem im J. 1158 angegangenen zweeten ital. Feldzuge gewählt habe, daß ferner dieser Adler damals kein Amtswappen gewesen; daß endlich die Pfalzgrafen von Wittelsbach, als Otto der 4te Herzog geworden, nach dem Beyspiel der Welfischen Herzoge die Wecken wegen des Herzogthums Bayern, den Löwen aber wegen der Pfalz angenommen haben. Der Kürze wegen müssen wir einige andre gelehrte Untersuchungen übergehen.

6. Mich. Steins — Abh. von Gebhard, dem letzten Grafen von Hirschberg S. 463 —478. Die Grafen von Hirschberg besaßen im bayerschen Nordgau sehr viele ansehnliche Güter, sie waren eines sehr alten Ursprungs und standen in großem Ansehn. Gebhard machte sich um das bayersche Haus sehr verdient, weil er dem Herz. Heinrich

rich 1257 wider den böhmischen K. Ottokar treu
und tapfer beygestanden, und deswegen auch Heinrichs Schwester, Sophien, zur Gemahlin bekam.
Dies ist bekannt und unbestritten: aber zweifelhaft
blieb es bisher, ob der Gemahl dieser Sophie, oder
einer ihrer Söhne, der auch Gebhard hieß, der letzte Graf von Hirschberg gewesen ist? Hr. St. beweißt nun deutlich, daß der Sohn Gebhard, so wie
dessen Bruder Gerhard, noch vor dem Vater gestorben. Dieser folgte ihnen in die Ewigkeit 1305,
nachdem er sein ganzes Gebiet dem Hochstift Eychstett vermacht hatte. In der Kirche des regulirten
Chorstifts zu Eychstett ist sein Moniment, mit einer
Inschrift (hier in Kupfer gestochen); so auch das eben
daselbst befindliche Grabmahl der 1289 gestorbenen
Gräfin Sophie und der beyden, mit Gerhard er-
zeugten Söhne. Hr. St. zeigt hierauf, daß Graf
Gebhard der 4te (dessen vor ihm gestorbenen Sohn
er Gebhard den 5ten nennet) eine zwote Gemahlin
genommen, die gleichfalls Sophie geheissen. Dadurch werden viele Schwierigkeiten auf einmal gehoben. Nut fragt sichs: Aus welchem Geschlecht
war diese zwote Gemahlin Sophie? Diplomatisch
und historisch wird gezeigt, daß sie eine Tochter des
Grafen Ludwig des Aeltern von Oettingen gewesen.
Sie überlebte ihn, ohne Kinder mit ihm gezeugt zu
haben. Hr. St. macht uns durch diese vortrefliche

Unter-

Unterſuchung äußerſt begierig auf ſeine hier verſpro=
chene Nachrichten von den Thaten dieſes Grafen
Gebhards des 4ten und auf die pragmatiſche Ge=
ſchichte der alten Grafen von Hirſchfeld überhaupt.
Auch haben wir von ihm eine Sammlung eychſtetti=
ſcher Urkunden, oder Beyträge zur bayriſchen und
fränkiſchen Geſchichte zu erwarten.

7. Beytrag zur Geſchichte Kaiſer Ludwig des
Bayern, aus der Geſchichte der Grafen von Oet=
ting, geliefert von J. P. Lang, fürſtl. ötting=öt=
tingiſchen wirkl. Hofrath S. 481 — 558. Dieſer
verdienſtvolle Geſchichtforſcher legt hier, wie er ſagt,
keine geheime noch neue Geſchichte jenes Kaiſers
oder ſeines Zeitalters vor, ſondern Thatſätze aus
noch nie im Druck erſchienenen Urkunden, die man=
chen Umſtand in der Geſchichte Kaiſer Ludwigs des
4ten berichtigen, oder doch wenigſtens genauer be=
ſtimmen. Was alſo der ſel. Longolius in Anſehung
dieſes Kaiſers und des Burggrafen Friedrich von
Nürnberg gethan (im 4ten und 5ten B. der Abhand=
lungen der münchner Akademie), das thut hier Hr.
HofR. Lang in Anſehung eben deſſelben Kaiſers und
der Grafen von Oettingen. So wird z. B. gezeigt,
daß bey dem Streit zwiſchen Ludwig dem Bayern und
Friedrich dem Schönen von Oeſtreich die Grafen von
Oett. die Partey des erſtern gehalten. Zween die=
ſer

ser Grafen wohnten auch dem entscheidenden Treffen
unweit Mühldorf 1322 bey. Sie waren auch
höchst wahrscheinlich bey den Römerzügen dieses
Kaisers. Was für Gefälligkeiten sie dafür genossen,
wird diplomatisch dargestellt. Sie schossen ihm viel
Geld vor, und erhielten dagegen kaiserliche Pfand-
briefe. Im J. 1335 schickte K. Ludwig der Bayer
nicht, wie Hr. Häberlin sagt, nur einen Grafen von
Oettingen, sondern zween, Ludwig den Aeltern und
den Jüngern, nach Avignon an Pabst Benedikt den
12ten um eine Versöhnung mit ihm zu bewürken, die er
bey dessen Vorgänger, Johann den 22sten, vergebens gesucht hatte. Unterwegs belehnte Gr. Ludwig der Jüngere den Dauphin von Vienne, im Namen des Kaisers, mit dem königlichen Scepter.
Nähere, hier entwickelte Umstände bey jener Ge-
sandschaft und bey zwo andern hernach erfolgten,
muß ich unberührt lassen. — Bekanntermassen
haben die Grafen v. Oett. eine Zeitlang die Lands-
grafschaft des untern Elsasses besessen. Hr. L. hat
in seinen Materialien zur ött. Gesch. umständlich davon gehandelt. Hier zeigt er noch besonders den
Antheil, den K. Ludwig der 4te an dieser Erwer-
bung gehabt hat. Ueberzeugend wird hierbey bewiesen, daß ein dritter, damals lebender Graf Ludwig von Oett. der ein Anhänger, Diener und Verwandter des Hauses Oestreich war, weder jemals

Landgraf in Elſaß geweſen, noch auf den avignoni-
ſchen Geſandſchaften gebraucht worden. Eine bey-
gelegte geneal. Tabelle erläutert dieſen und andre
Umſtände ungemein gut. Ueberdies ſind 30 bisher
ungedruckt geweſene Urkunden beygefügt.

Ein vollſtändiges Regiſter über die ſieben, bisher recenſirten Abhandlungen macht den Beſchluß
dieſes Bandes.

10.

Anmerkungen zu Herrn Breitkopfs Schrift: über die Geſchichte der Erfindung der Buch- druckerkunſt, Leipzig 1779. 4. *)

S. 9. wird aus der alten Sammlung der Concilien, die zu Würzburg gehalten worden ſind,

von

---

*) Die hier von einem großen Kenner der Litteratur mit-
getheilten Anmerkungen über die Breitkopfiſche Schrift
rück' ich um ſo viel lieber ein, da die im 4ten Th. dieſes Journals S. 68 befindliche und von einem andern
Gelehrten verfertigte Anzeige nicht ins Detail geht.
Bey dieſer Gelegenheit verweiſ' ich auf eine im Jun.
des Eſprit des Iournaux 1779 S. 232—260 befindliche und hierher gehörige Lettre de M. I. G. à
M. l'Abbé Turberville-Needham, Directeur de
l'Acad. Imp. et Roy. de Bruxelles. Sie iſt größtentheils gegen Hrn. des Roches, mit dem es Hr.
Breitkopf hauptſächlich zu thun hat, gerichtet. In
der Erfurt. gel. Zeit. 1779. S. 561 u. f. hab' ich nähere Nachricht davon ertheilt. Meuſel.

von welcher Vernazza fälschlich glaubt, sie sey im Jahre 1453 zu Würzburg ge=druckt worden, das letzte der abgehandelten Concilien in das Jahr 1453 gesetzt. S. 10. aber wird aus eben derselben das letzte Conci=lium vom Jahre 1456 angeführt. Welche von beyden Jahrzahlen ist richtig? eine schei=net falsch zu seyn.

S. 10. zweifelt Hr. Breitkopf mit dem Marchand an dem vorgegebnen hohen Alter des Nonnii Marcellini de proprietate latini ser-monis, der noch vor dem Jahre 1481 zu Würzburg gedruckt seyn soll. Ich aber unterstehe mich, diese Ausgabe ganz zu läug=nen. Das Buch ist durch Georgium Laur de Herbipoli, (der um 1472 u.s.w. druckte,) ohne Meldung des Jahres zu Rom an das Licht gekommen. Die Worte de Herbipoli mag also der Verfasser des Catalogi über Pe=rizonii Bücher falsch für den Ort des Druk=kes angesehen haben. Es gieng hier eben so, wie bey vielen Büchern, die Erhard Rat=dolt de Augusta zu Venedig druckte und die mancher falsch genug unter die augsburger Producte gerechnet hat.

S. 17. Not. d) Visioen van Fondalus soll wohl Tondalus heißen.

S. 23.

S. 23. stehet in der Vorlesung des Hn. *de Rô-*
ches: die geschnittenen Buchstaben, die zuerst
in der lateinischen Bibel um 1450 zum Vor-
schein gekommen sind, seyen auch, zum Druck
des Psalters 1457 gebraucht worden.   Diesen schon oft wiederholten Fehler hätte Herr
Breitkopf doch nicht ganz ohne eine Anmerkung sollen vorbey wandern lassen, ob er
gleich S. 42. sagt, es sey hier der Ort nicht,
seine irrigen Meinungen zu widerlegen.   Welche unter den ersten gedruckten Bibeln den
größten Anspruch auf das Jahr 1450 machen
könne, ist zwar noch nicht ganz entschieden.
Doch scheinet es, die, welche Schelhorn
beschrieben hat, und die sich auch zu Leipzig
und Jena befindet, habe das wichtigste
Recht dazu.   Denn sie ist mit sehr großen und
dicken Missal-Buchstaben gedruckt. Die Buchstaben des Psalters aber sind noch weit größer
und ansehnlicher, wie Schelhorn in Rie-
derers nützlichen und angenehmen Abhandlungen, I. Stück S. 4. 5. gezeigt hat, so daß
nur 20 Zeilen auf einer Seite stehen, da hingegen eine Seite der Bibel 36 Zeilen fasset.

S. 35. wird die apocalypsis cum figuris angeführt, die Albrecht Dürer im J. 1511
druckte.

druckte. Er hatte sie auch schon lang vorher 1498 teutsch gedruckt, und auf dieser Ausgabe nennet er sich Albr. Dürer Maler. Ob er aber ein wirklicher Buchdrucker im eigentlichen Verstande gewesen sey, wie Hr. Breitkopf zu behaupten scheinet; das ist vielleicht noch nicht so gar ausgemacht. Wenigstens zweifelt Hr. Panzer, ein großer Kenner solcher Sachen, sehr daran in seiner vortreflichen Geschichte der Nürnbergischen Ausgaben der Bibel S. 85.

Nichts ist mehr zu wünschen, als daß Hr. Breitkopf sein ganzes weitläuftiges und wichtiges Werk bald an das Licht bringe, besonders auch den S. 50. versprochnen Versuch eines Jahrbuchs gedruckter Bücher in teutscher Sprache bis 1520. Aber, wenn er sagt, Maittaire habe diese Sprache ganz übergangen, so ist das fast zu viel — ganz hat er sie doch nicht übergangen, obgleich das, was er davon sagt, wenig genug ist. Und wenn Hr. Breitkopf hernach sagt, der Professor J. G. Krause habe daran gesammlet, so ist es zwar richtig, aber auch zu wenig. Krause sammelte lang an einem vollständigen Verzeichniß aller vor 1500 gedruckten Bücher ohne

Unterſchied. Im J. 1725 ſchrieb er an den
berühmten von Seelen nach Lübeck, er habe
bereits bey 10000 Bücher geſammlet, die vor
1520 herausgekommen ſeyen, und darunter
ſeyen über 5000, die bis 1500 gedruckt worden, und zwar alle mit der Anzeige des Jahres. Es iſt recht ſehr zu bedauren, daß eine ſo
mühſame Arbeit verlohren gegangen ſeyn ſoll.

Wie viel neues wird uns Hr. Breitkopf entdecken, beſonders da er auch mit dem berühmten Meermann viele Jahre in einem ver-
trauten Briefwechſel geſtanden iſt! Etwas ganz
neues war es mir, wenn er S. 40. verſichert,
Meermann habe vielleicht unter allen
Schriftſtellern den geringſten Vorſatz gehabt,
durch Kunſt die Ehre der Erfindung der
Buchdruckerkunſt für ſein Vaterland zu errin-
gen. Und doch hat Meermann ſo viel
Kunſt angewendet, ſeine falſchen Grundſätze
recht wahrſcheinlich zu machen, und im Augenblick wurde er empfindlich, ſo gar gegen einen
Kenner, wie Schelhorn war, ſehr empfindlich, ſo bald er ihm ſeinen Laurenz
Koſter antaſtete, ſo daß dieſer mich verſicher-
te, er werde ſich gewiß niemals wieder gelüſten
laſſen, ihm zu widerſprechen, ob ihn gleich

Meer-

Meermann noch einmal dazu aufgefordert hatte. Glücklich war Hr. Breitkopf, daß er seinen Widerspruch sanftmüthiger aufgenommen hat.

Bald hätte ich vergessen, daß Hr. Breitkopf gleich Anfangs S. 3. unten aus Uebereilung Bamberg statt Würzburg geschrieben hat. Denn wenn er sagt: gleichwohl hat man in unsern Tagen — — sowohl Teutsch-land und Guttenbergen an Italien, und Mainz an Bamberg neue Gegner geschaffen ꝛc., so lehrt der Augenschein, daß es Würz-burg heißen müsse.

II.

Geschichte der Staatsveränderungen Frankreichs, die sich zur Zeit der Minderjährigkeit König Ludwigs des Vierzehnten, unter Kardinal Mazarins Ministeramte begeben. Aus dem Französischen übersetzt und mit Anekdoten aus einer Handschrift von dieses Ministers Briefen vermehrt. Erster Band, Leip-zig, in der Weygandschen Buchhandlung 1777. 1 Alph. in gr. 8.

Eine gute Uebersetzung des bekannten, aus fünf Bänden bestehenden, und vermuthlich von Hn.

An-

Anquetil abgefaßten Werks, Esprit de la Fronde, das 1772 — 1774 in Paris herausgekommen ist *). Da der Verfaffer manchmal in seinem Haß gegen den Kardinal Mazarini zu weit geht; so weiset ihn der Ueberseßer — Hr. geheime Sekretär und Bibliothekar Molter in Karlsruhe — in Anmerkungen zurecht, z. B. S. 81. 83 und 136; vornämlich aber durch die angehängten 10 italienisch geschriebenen und mit einer teutschen Ueberseßung begleiteten Briefe, die meistens vom Kardinal Mazarini selbst herrühren, und aus einer, 5 Quartbände starken Briefsammlung dieses Kardinals, die in der markgräfl. badischen Bibliothek verwahrt wird, gezogen sind. Man kann daraus erkennen, daß Mazarini der erhabene Bösewicht und Schalk bey weitem nicht war, wie ihn Anquetil abschildert. Man wird mit Hrn. Molter das Schicksal eines Mannes bedauern, dem eine undankbare Nation alles Unheil, das sie selbst angerichtet, aufzubürden sich nicht gescheuet. Auf diese Weise hat die Ueberseßung einen ansehnlichen Vorzug vor dem, übrigens wahrhaft pragmatisch ausgearbeiteten Original. Nur Schade, daß bis jeßt nur der erste Theil erschienen ist, der vom J. 1643 — 1648 geht. Wir hoffen, Hr. Molter werde auch dem zweeten Bande Mazarinische Briefe beyfügen.

12. Bey=

*) Vergl. Betracht. üb. d. neu. hist. Schr. Th. 4. S. 479 u. f. Fortgef. Bet. Th. V. 1 Absch. 1 S. 149 u. ff. Th. 2. S. 132.

12.

Beyſpiele der Weisheit und Tugend aus der Geſchichte, mit Erinnerungen für Kinder, von
Jakob Friedrich Feddersen, (jetzt Dom-
prediger zu Braunſchweig). Halle, bey
Hemmerde 1777. 13 Bogen in 8.

Dieſes neue Produkt eines bekannten liebenswür-
digen Koſmopoliten iſt bisher bey wißbegierigen Kleinen, ja auch bey verabſäumten Erwachſenen,
mit eben ſo wohlthätigem Erfolg gebraucht worden,
als deſſen Leben Jeſu und die lehrreichen Erzählungen für Kinder aus der biblischen Geſchichte. Zu
dieſen letztern (die im J. 1779 verbeſſert und vermehrt ſind aufgelegt worden) iſt gegenwärtige Schrift
ein treflicher Pendant. In jenen iſt heilige, in dieſer weltliche Geſchichte für Anfänger zubereitet. Erſt
erzählt Hr. F. eines oder mehrere Beyſpiele dieſer
oder jener Tugend deutlich und warm; alsdann fügt
er die Moral oder Nutzanwendung bey, bisweilen
in einem Gebet, Gedicht ꝛc. Hier und da ſind auch
gute Erinnerungen für Eltern und Lehrer eingeſtreut.
Viele kleine Geſchichten in dieſer Sammlung hat
Hr. F. aus ſeinen Nachrichten von gutgeſinnten Men-
ſchen (wovon 1778 die 2te Sammlung erſchienen
iſt) entlehnt, aber in eine den Kindern faßliche und
lehrreiche Form gegoſſen. Er hat übrigens ſeinen

T 3

ganzen

Vorrath unter drey Hauptrubricken gebracht: Beyspiele der Weisheit — der Frömmigkeit — der Menschenliebe. Sie sind aus der alten und neuen Geschichte, ohne Rücksicht auf Nationen und Religionen, genommen, und größtentheils kurz, nach Art der Anekdoten, vorgetragen.

13.

Geschichte des letztern Kriegs zwischen den Russen und Türken, von dem Herrn von Keralio, königl. französ. Major von der Infanterie, Ritter des königl. und militairischen St. Ludwigordens 2c. Aus dem Französ. übersetzt. Erster Theil. Leipzig bey Schwickert 1777. 392 S. Zweyter Theil. 1777. 362 S. in 8.

Es ist dies eine gute, und, in Vergleichung mit dem, 12 Thaler theuren, Original, wohlfeile Uebersetzung eines interessanten Werks, das bereits it. den fortges. Betracht. über die neu. hist. Schr. (Th. 2. S. 147 u. ff.) beschrieben worden ist. Der Name des Verfassers war damals noch unbekannt.

14. Ge

14.

Geschichte Gustav Adolphs, Königs von Schwe-
den. Aus den Arkenholzischen Handschriften und den vornehmsten Geschichtschreibern.
Breslau, bey Löwen. 1 Band 1775. 1 Alph.
8 B. 2 Band 1777. 1 Alph. 7 B. in 8.

———

Eigentlich eine Uebersetzung des von 1779 verstorbenen braunschweigischen Professor Mauvillon 1764 in französischer Sprache bekannt gemachten Werks, worinn jedoch der Uebersetzer Veränderungen vorgenommen, unbedeutende, ganz fabelhaf-
te, oder das Leben des Helden gar nichts angehende
Umstände weggelassen, dafür aber andere Geschichtschreiber zu Rathe gezogen, manche Unrichtigkeiten,
mehrentheils gleich im Text, bisweilen auch in Noten, verbessert und die Begebenheiten in bessere Ordnung gebracht hat. Dies ist vornämlich in der 2ten
Abtheilung des 2ten Bandes geschehn, wo der Uebersetzer das Original oft ganz verlassen hat; indem
Mauvillon dort dem Khevenhiller zu genau gefolget
ist und dessen Fehler nachgeschrieben hat.

———

 15 Jo-

15.

Johann Georg Schelhorns Beyträge zur Erläuterung der Geschichte, besonders der schwäbischen Gelehrten- und Kirchengeschichte. Viertes Stück *). Memmingen, bey Mayer 1777. 114 S. in 8.

Dieses Stück enthält mit fortlaufenden Nummern: 29. Des Hrn. Christ. Karl am Ende, Adjunkts in Kaufbeuren, gesammelte Nachrichten von Eucharius Eyering, ein guter Beytrag zum Jöcherischen Gelehrten-Lexikon. 30. Eben dess. kleiner Beytrag zur Lebensgeschichte des Kanzlers Wolfg. Stehlin. 31. Zwey Briefe Joh. Sleidans, beyde an D. Marbach vom J. 1552. 32. Von der ersten feyerlichen Communion, die in der Reichsstadt Memmingen nach Abschaffung der Messe gehalten worden, aus der sehr seltenen Originalausgabe abgedruckt. Sie stimmt mit der ältern zürchischen Liturgie in vielen Stücken überein. Aber die biblischen Stellen sind aus Luthers Uebersetzung entlehnt. 33. Nachricht von Mich. Keller, einem gebohrnen Memminger, und um die evangel. Kirche in Augsburg sehr verdienten Prediger. 34. Von der vortreflichen

Augs-

*) Vergl. fortges. Betracht. Th. 3. S. 161 u. f.

Augsburgischen Buchdruckerey ad insigne pinus, ein
sehr wichtiges Stück für Litteratoren! Wer kennet
nicht die Editiones principes, besonders griechischer
Autoren, die man dieser von Marx Welser und Dav.
Höschel gestifteten Druckerey zu danken hat? Hier
findet man ihre Annalen vom J. 1594 bis 1614.
Hr. Zopf hat sie, etwas vermehrt, seinen Annalibus
typogr. Augustanae einverleibt. 35. Von Melch.
Wolmar, einem großen Rechtsgelehrten und
Philologen im 16ten Jahrhundert. Eine sehr gute
kleine Biographie dieses berühmten Lehrers Calvins!

16.

Geschichte der Entdeckung und Eroberung der Kanarischen Inseln. Aus einer in der Insel
Palma gefundenen spanischen Handschrift
übersetzt. Nebst einer Beschreibung der Kanarischen Inseln, von George Glas.
Aus dem Englischen. Leipzig, in der Weygandschen Buchhandlung 1777. 1 Alph. in
gr. 8. Nebst einer Charte von den Kanarischen Inseln.

Hr. Schlözer hatte in der Vorrede zu seiner Nord-
afrikanischen Geschichte Hoffnung gemacht, in
einem zweeten Theil diese artige, dem Historiker und

T 5　　　　　　Philo:

Philosophen gleich schätzbare Geschichte der Kanarischen Inseln, die 1764 zu London erschienen war, den
Teutschen bekannter zu machen. Da aber dies schon
zu Ende des Jahrs 1774 geschehen; so mußte man
billig an der Erfüllung verzweifeln; und es entstand
daher bey mir eine wahre Freude, als ich die Nachricht von einer Uebersetzung erhielt. Diese Freude
wuchs, als ich sie selbst las, und fänd, daß sie so
gut ausgefallen ist. Die englische Einkleidung des
spanischen Manuscripts *) ist keineswegs mager,
sondern sehr unterhaltend, nicht blos geographisch
und historisch, sondern auch mit philosophischen Blik-
ken belebt. Am angenehmsten sind die Kapitel von
den Sitten und Gebräuchen der Bewohner einer jeden Insel von ihrer Handlung, und von der spanischen Regierung daselbst, sowohl von der weltlichen,
als von der geistlichen; eine so verkehrt, als die
andre;

17. Ge-

---

*) Der Verfasser desselben ist Juan de Abreu de Ga-
linco, ein Franciscaner, der es 1632 in der Insel
Palma niederschrieb, wo sie lang in einem Kloster ver-
borgen lag, bis man in neuern Zeiten dem Bischoff der
Kanarischen Inseln ein Geschenk damit machte, und
Glas so glücklich war, eine Abschrift davon zu erlangen.

17.

Geschichte von Loango, Katongo und andern Königreichen in Afrika, aus den Nachrichten der Vorsteher der französischen Mißion, verfertiget vom Abbé **Proyart**. Aus dem Französ. übersetzt. Leipzig in der Weygand. Buchhandl. 1777. 22 B. in kl. 8.

—————

Das im J. 1776 zu Paris gedruckte Original ist im 3ten Bande der fortges. Betracht. üb. die neu. histor. Schriften S. 442 u. ff. umständlich angezeigt, beurtheilt und empfohlen, dabey aber auch erinnert worden, daß man die darinn befindlichen, merkwürdigen, zum Theil sehr auffallenden Nachrichten von einer ziemlich unbekannten Gegend unsrer Erdkugel, mit Behutsamkeit lesen müsse, und daß man von der damals versprochenen teutschen Uebersetzung viel zu erwarten habe. Diese Erwartung finden wir auch vollkommen befriediget. Der uns unbekannte Uebersetzer ist wirklich nicht gemeiner Art; er hat nicht nur gut gedolmetschet, sondern auch mit kritischer Ueberlegung den zweeten Theil des Originals, der mit unwahrscheinlichen Mißionsberichten vollgepfropft ist, abgekürzt; und, was seiner Arbeit einen hohen Vorzug vor dem Original verschafft, er hat ihr auf den letzten 8 Bogen eine von ihm selbst herrüh-

herrührende Mitgabe beygefügt, unter dem Titel:
” Beurtheilung der gegenwärtigen Geschichte von
Loongo und Katongo, wie auch der vorhergehenden
Reisebeschreiber und Geographen, in denen sich
Nachrichten von diesen Afrikanischen Königreichen
befinden.” Er zeigt darinn sowohl dasjenige an,
was ihm unglaublich und offenbar falsch in Proyarts
Erzählung scheint, als auch das, worüber man ihn
vertheidigen kann, ob es gleich unwahrscheinlich oder
nicht mit den Berichten andrer Reisebeschreiber zu
reimen ist. Nach dieser Prüfung folget ein chrono-
logisches und kritisches Verzeichniß aller ältern hierher gehörigen Reisebeschreiber, z. B. des Odoar-
do Lopez, von Pigafetta edirt 1597, des
Andr. Battel, Hieron. Merolla, Däp-
pers u. a. Ueberall nimmt der Verfasser dabey
Rücksicht auf seinen Proyart und erzählt dessen Ab-
weichungen von den ältern Nachrichten. — Die
bey dem Original befindliche Landkarte ist weggeblie-
ben, weil sie nichts weiter ist, als ein weisses Papier,
worauf die Namen einiger Reiche und Oerter, und
die Beugungen des Seestrandes auf Gerathewohl
von Mißionarien abgezeichnet sind.

18. Neue

18.

Neue Geschichte des französischen Afrika, mit
neuen Charten sowohl, als geographischen,
aſtronomiſchen und andern Beobachtungen
über die Gebräuche, Sitten, Religion und
den Handel dieſer Gegenden (dieſes Landes). Vom Abbé Demanet, ehemaligen Mißionar in Afrika. Aus dem Franz.
überſetzt. Erſter Band. 17 Bogen.
Zweyter Band. 14 Bog. Leipzig in der
Weygandſch. Buchh. 1778. kl. 8.

Ohne Zweifel hat man die Bekanntmachung dieſes im J. 1767 zu Paris gedruckten nützlichen
und angenehmen Buchs eben dem Gelehrten zu danken, der die eben erſt angezeigte Ueberſetzung von
Proyarts Geſchichte beſorgt hat. Denn hier findet
ſich ein ähnliches chronologiſch-kritiſches Verzeichniß,
gleich nach der Vorrede des Verfaſſers, das beynahe 3 Bogen einnimmt, und uns mit Demanets
Vorgängern, die vom Lande der Negern gehandelt
haben, bekannt macht, und in eben dem Geiſte ge-
ſchrieben iſt, wie jenes beym teutſchen Proyart. Der
Herausgeber zeigt dabey ſehr ehrlich und unpartheyiſch die Tugenden und Fehler dieſer Demanetiſchen
Beſchreibung an, beſonders die von dem Verfaſſer
gewag-

gewagten Plünderungen; selbst an den bekanntesten
Reisebeschreibern, vorzüglich von P. Labats Nouvelle Relation de l'Afrique occidentale, von dem er
ganze Seiten erborgt hat. Doch versichert er auch,
daß D. unwissentlich Dinge, die er nicht gesehn, er-
dichte, oder Sachen, die er von andern nur gehört,
für eigene Erfahrungen ausgebe, oder auch wichtige
Umstände aus eigenen Beobachtungen verschweige
oder unterdrücke. Keiner der vorherigen Reisebeschreiber hat vom Gummihandel so umständlich und
genau gehandelt, als D. Seine Beschreibung des
Flusses Gambio enthält vieles, was man in ältern
Reisebeschreibungen vergebens suchen würde. Er
macht uns mit afrikanischen Gegenden und Flüssen
bekannt, von denen wir vorher fast weiter nichts, als
die Namen wußten. Am schätzbarsten aber sind seine genauen Verzeichnisse aller Waaren, die auf dem
Senegal, dem Gambia und sonst an der Küste einge-
handelt und abgesetzt werden, nebst ihrem Werthe
und Preisen. Sie sind nicht allein für den Kauf-
mann und Statistiker, sondern auch für den Men-
schenforscher wichtig, weil man daraus die Liebhabe-
reyen und den Geschmack der Afrikaner jener Gegenden kennen lernet. Auch des Verfassers Abh. von
der Religion und den Sitten der Negern enthält
manche merkwürdige Nachricht, die er keinem andern
schuldig ist. Nicht weniger findet man in seiner
Untersuchung über den Ursprung der Farbe der Ne-

gern

gern viele neue und wichtige Fakta, die für die Na=
turgeschichte des Menschen Bereicherungen sind.
Hr. de Pouw nennet in seinen Reflexions sur les
Américains dieses Buch die beste Geschichte des
französf. Afrika, vielleicht aber doch nicht ohne Par=
theylichkeit, weil ihm Domanets Zeugniß von der
Verwandlung der portugiesischen Afrikaner in Ne=
ger bey Gründung seiner Hypothese über die Ursache
der Negernschwärze, vorzüglich zu statten kam. Denn
ausserdem, daß D. viele ungereimte Sätze und lä=
cherliche Grillen hierüber einmischt, so ist sein Zeug=
niß noch dazu verdächtig, wie neulich ein Recensent
in der Leipzoischen Bibl. (B. 16. S. 529) gezeigt
hat. — Das Original der Frogerschen Rei=
sebeschreibung, die der Herausgeber nur aus dem
englischen Auszug des Osborne kennt, besitzt der
Verfasser gegenwärtiger Recension. Es kam zu
Amsterdam 1699 in 12. heraus, und ist mit vie=
len saubern und nützlichen Kupferstichen geziert.

19. C.

19.

C. Büttinghausen, der Gottesgelahrheit öffentlichen Lehrers, des Kollegiums der Sapienz Ephorus und ersten Pfarrers zu St. Peter in Heidelberg, Beyträge zur pfälzischen Geschichte. Mannheim, in der Löflerischen Buchh. 1sten Bandes 2tes St. 1774. 3 St. 1774. 4 St. 1776. 2ten Bandes 1stes St. 1777 *). Jedes Stück 6 bis 7 Bogen in 8.

In solchen Beyträgen kann nicht alles gleichwichtig seyn, noch jeden Leser gleich stark interessiren. Genug, wenn es nur der Beyträger nicht an Fleiß und Genauigkeit fehlen läßt, und diese Tugenden werden billige Leser an Hrn. B. nicht verkennen. Weil wir mit unsrer Anzeige etwas spät kommen; so berühren wir unter der Menge von Aufsätzen nur folgende: Im 2ten St. des 1sten Bandes. Vom Herzog Georg zu Simmern und seinen das Kloster Chund betreffenden Urkunden. Von den Rathschlägen, die Melanchthon den Kurf. Friedrich den 2ten und 3ten ertheilet. Bey dieser Gelegenheit werden einige Fehler in Struvs pfälz. Kirchenhistorie bemerkt. Von einigen Gelehrten in Absicht auf die Pfalz.

*) Vergl. Betracht. über d. neu. histor. Schr. B. 5. S. 482 u. f.

Pfalz. Verzeichniß einiger den Kurf. Friedrich den
5ten betreffenden Urkunden. Im 3ten St. des
1sten Bandes: Von dem Betragen Justi Velsii zu
Heidelberg. Von dem Briefwechsel des Heidelber=
gischen Doktors L. C. Mieg mit J. A. Turretin, die
Lutheraner in der Pfalz betreffend. Von Zwingels
und Haußscheins Briefen; Vorschläge zu einer neuen
Ausgabe derselben. Wieder von einigen Gelehrten
in Absicht auf die Pfalz. Im 4ten St. des 1sten
Bandes: litterarische Nachrichten in Rücksicht auf
die Pfalz, besonders von dem Streit über den Gre=
gorischen Kalender. Briefwechsel des Pfalzgr. Joh.
Kasimir und des Gr. Wolfg. v. Hohenlohe vom J.
1585, die Ubiquität betreffend. Nachrichten von
den drey Rechtsgelehrten, Scip. Gentilis, Jul. Pa=
cius und Hippol. a Collibus. Bey diesem St. ist
ein fünffaches mit vielem Fleiß verfertigtes Register
über den ersten Band. Im 1sten St. des 2ten
Bandes: Etwas vom röm. K. Ruprecht, z. B. von
dem Arzt, der ihn vergiften wollte. Von Gelehr=
ten in Absicht auf die Pfalz. Verschiedene fehlen
im Jöcherischen Gelehrtenlexikon. Dabey sind auch
einige Zusätze zu den Schriften Mich. Mästlius vom
Hrn. Prof. Müller in Jena. — Ein hessisches
Rescript von 1677, die Ehescheidung des pfälz.
Kurf. Karl Ludwigs betreffend. Von der Pfalzgräfin
Elisabeth, Tochter Friedrichs des 5ten, einer gelehr=

ten Fürstin. Von topographischen Fehlern in Absicht auf die Pfalz, wodurch auch die Büschingische Erdbeschreibung in einigen Stellen verbessert wird.

20.

Bohuslai Balbini e S. I. *Bohemia docta,* opus posthumum editum notisque illustratum ab *Raphaele Vngar,* Canonico Praemonstratensi montis Sion, et numophylacii Directore, in Vniverf. Pragensi profuprema theolog. laurea Candidato, ejusdemque in studio gen. theol. dogm. Professore ordin. et Seniore. *Pars I.* Cum approbatione Caefareo-regiae censurae. Pragae, literis Caef. Reg. ad S. Clementem, per Ioann. Ad. Hagen MDCCLXXVI. Prostat apud Editorem; et in typographia ad S. Clementem. 10 Bogen. — *P. II.* ibidem MDCCLXXVIII. 1 Alphab. 6 Bog. in gr. 8.

Der im J. 1689 gestorbene Jesuit und Geschichtschreiber, P. Balbin, hatte diese Arbeit für

das

das erste Zehend seiner Miscell. hist. Bohem. be=
stimmt, deren 9tes Buch sie ausmachen sollte. Sie
blieb aber eine ungedruckte Seltenheit, bis zu dieser
Ausgabe aus der Urschrift. Der erste Theil liefert
in 26 Abschnitten die Geschichte der von Karl dem
4ten 1348 gestifteten Universität zu Prag, und als
Anhang eine Nachricht von den ältesten Schulen in
Böhmen. Nach den Bemühungen des P. Adauct
Voigt, der in den Abh. einer Privatgesellschaft in
Böhmen eine Geschichte der Prager Universität ge=
liefert, kommt freylich die Balbinische etwas zu
spät: doch findet man darinn noch manches lesens=
würdige von der Stiftung und Einrichtung gedachter
Universität, von ihren verschiedenen Kollegien, be=
sonders dem Karolinum, Archiven, Schenkungen,
Rektoren, ersten Lehrern, Promotionen, ihrem
Wohlstand und Verfall ꝛc. Im 16ten Abschnitt
führt B. verschiedene Universitäten an, die Kolonien
der Prager seyn sollen, z. B. Erfurt, Cracau, Leip=
zig, Köln, Ingolstadt, Rostock. Hr. U. erinnert
dagegen richtig, das dies nicht genau genug mit
glaubwürdigern Nachrichten übereinstimme. Uebri=
gens hat dieser erste Theil wenig Zusätze erhalten.

Durch eine Krankheit ward Hr. U. gehindert,
den 2ten Theil des Werks sogleich der Presse zu über=
geben. Diese Verzögerung mißbrauchte P. Can=

didus

didus a S. Theresia, ein Augustiner und
Bibliothekar zu St. Wenzel in der Prager Neu=
stadt, indem er eigenmächtig einen Abdruck des 2ten
und 3ten Theils veranstaltete, und in der Vorrede
ein sehr nachtheiliges Urtheil von dem Herausgeber
des ersten fällte.   So sehr dies unerlaubte Verfah=
ren Anfangs Hrn. U. verdroß; so sah er doch beym
Anblick dieser Fortsetzung gar bald, daß die seinige
dadurch nichts weniger als vereitelt wäre, weil jene
fehlervoll war.   Die tauglichen Anmerkungen des
P. Candidus nahm U. in seine rechtmäßige Ausgabe
auf, und da sich jener dagegen setzte, und den Druck
zu hemmen suchte, wurde er von der Obrigkeit mit
einem derben Verweiß abgefertiget.   Seine Unver=
schämtheit gieng so weit, daß er die vor der 6ten Aus=
gabe der Struvischen Introd. in notit. rei litter. ste=
hende Vorrede des Jenaischen Kommerzienraths Fi=
scher fast buchstäblich ausgeschrieben und sich eigen
gemacht, daß er die Lebensbeschreibungen Balbins
und andrer böhmischen Gelehrten, wörtlich aus
Voigts Effig. Erud. genommen, und daß er noch an=
dere Sünden begangen, wofür ihn Hr. U. bis auf
das Blut geisselt.   Balbins Arbeit selbst, in Anse=
hung des 2ten Theils, besteht aus 12 Abschnitten:
I. Scriptores rerum Bohemicarum enumerantur, ac
de singulis judicium fertur ex sensu meo privato.
II. Nobilitate generis vel dignitatibus spectati in

Bohe-

Bohemia fcriptores recitentur. III. Antiftites et
Praelati ecclefiarum Boh. denique fummi in facris
viri, qui nomen fuum editis libris pofteritati com-
mendarunt, fine ordine temporis et dignitatis relati.
IV. Theologi Canoniftae facri oratores et ecclefia-
ftae etc. V. Iurisconfulti quidam, tum Medici, et
Mathematici, et Philofophi, aliique in Academiis
verfati viri ex gente Bohema nominantur. VI. Oratores, hiftorici ac poetae. VII. Varii fcriptores ex
Bohemis, qui ad fuperiores claffes commoda referri
non potuerunt. VIII. De quibusdam viris doctis
in univerfitate Carolina, quorum lucubrationes fuc-
cusque reperire non potui, fed citantur. IX. De
haereticis fcriptoribus virulentis. X. Virgines et
matronae doctae, et poëticae in Bohemia. XI. Viri
eximie in Regno Bohemiae (i. e. Bohemia, Moravia
et Silefia) nati, qui in quibusdam univerfitatibus
Europae aetate fua floruerunt. XII. De fcriptoribus S. I. in Provincia Bohemiae.

In der hier abgedruckten Vorrede des P. Can-
dibus zum 2ten Th. und in den beygefügten Anmerkungen des Hrn. Kan. Ungar findet man gute Nachrichten von Balbins Leben und von deffen gedruckten
und ungedruckten Schriften. Dabey Anekdoten von
der Tyranney der damaligen Büchercenforen. An-
ftatt einen Hiftorifer, wie Balbin, zu unterftützen,
machte man ihm vielmehr das Leben fauer. Aus

folgender Stelle kann man urtheilen, wie viel die Wahrheit in Balbins Geschichtbüchern unter den Klauen unwissender und feiger Richter mag gelitten haben: Virtutes Balbini, praesertim patientia invicta, vel maxime enituit in fatis, quae subierunt ejus opera, antequam ederentur tot virgis censoriis castigata, quae tamen omnia, quamvis acerbissima, aequo animo tolerabat, ingeminando solum saepius: *falsa scribere non dedici, vera non audeo.* Gewiß, eine wichtige Stelle, die man beym Lesen der Balbinischen (und leider! auch vieler andrer) Geschichtbücher stets in Gedanken haben sollte!

Der zum Theil weitläufigen Anmerkungen des Hrn. U. zu diesem 2ten B. sind 426. Aus ihnen sowohl, als aus dem Texte selbst kann ein künftiger Herausgeber des Jöcherischen Gelehrtenlexikons reichhaltige Nachträge ziehen. Bey dem jesuitisch-unfreundlichen Abschnitt de haereticis scriptoribus virulentis, beweiset Hr. U. eine Mäßigung, die seinem Herzen und Verstand Ehre macht. Vieles verdanket Hr. Ungar der patriotischen Gefälligkeit des Hrn. Dobner, der ihm ungebeten eine Menge litterarischer Bemerkungen zum beliebigen Gebrauch überlassen hat.

Möchte doch Hr. U. diese Nachrichten von Böhmischen Gelehrten bis auf unsre Zeit fortsetzen! oder möchte

möchte er wenigſtens den 3ten Band des Balbini=
ſchen Werks, mit Anmerkungen bereichert, bald her=
ausgeben! Er handelt de manuſcriptis codicibus in
Bohemia, in 14 Abſchnitten, deren Ueberſchriften
bereits vor dem 1ſten B. ſtehen.

21.

Beati Flacci Albini ſeu *Alcuini* Abbatis, Caroli Magni Regis Imperatoris Magiſtri,
Opera. Poſt primam editionem a D. A.
Quercetano curatam de novo collecta,
multis locis emendata et opuſculis pri-
mum repertis, plurimum aucta variis-
que modis illuſtrata. Cura et ſtudio
Frobenii, S. R. L Principis et Abbatis
ad S. Emmeranum. Ratisbonae, litte_
ris I. Michael. Englerth, Typograph.
MDCCLXXVII. Tomi II. Fol. Bey=
nahe 20 Alphab. in Folio.

Wir zeigen dieſes, in allem Verſtand wichtige
Werk nur in Rückſicht auf die darinn enthal=
tenen hiſtoriſchen Stücke an. Nach faſt zwanzig=
jährigen Bemühungen iſt es dem Hrn. Fürſtabbt zu

St.

St. Emmeran in Regensburg, Frobenius (Forster) gelungen, diese herrliche Ausgabe, die mit so vielen Vorzügen vor derjenigen des du Chesne pranget, zu Stande zu bringen. Er war so glücklich, eine Menge von Handschriften aus Italien, Frankreich, Teutschland, England, und sogar aus Spanien, zu bekommen, und dadurch nicht allein die vorher gedruckten Aufsätze Alkuins zu verbessern, sondern auch neue, zum Theil sehr wichtige; zu entdecken und bekannt zu machen; wobey er die Dienstfertigkeit vieler Gelehrten dankbarlichst rühmet. Alles, was du Chesne im J. 1617, und vor ihm Canisius, nach ihm aber Mabillon, Martene, Balüze, Pez u. a. haben drucken lassen, sondern auch mehrere, bisher ungedruckte Schriften, Briefe, Gedichte, und dies alles in einer bessern Ordnung, mit Varianten und kurzen historischen Erläuterungen, trifft man hier beysammen an. Jedem Artikel sind historische und kritische Einleitungen beygefügt.

Nach der Vorrede stehet eine neue Lebensbeschreibung des verdienstvollen Alkuins, vom Hrn. Fürstabbt aus dessen Schriften gezogen, und voll von kritischen Untersuchungen, z. B. über das wahre Zeitalter und Todesjahr Beda's, wider Chistlet, der ihn wider die Historie 27 Jahre später sterben läßt, als er wirklich gestorben. Alkuin kann seines

Unter=

Unterrichts nicht genoſſen haben; über Alkuins berühmte Schüler 2c. Auf dieſe Lebensbeſchreibung
folget die ältere, die ſchon mehrmals iſt gedruckt
worden. Den Anfang der Sammlung ſelbſt machen billig die Briefe, der wichtigſte Theil des ganzen
Werks! Ihre Sammlung iſt chronologiſch, und nach
des dû Cheſne Ausgabe mit 129 Stücken bereichert,
wovon Mabillon einige bereits edirt, die meiſten
aber bisher ungedruckt waren. 71 unedirte hat der
Hr. Herausgeber aus dem brittiſchen Muſeum durch
den Hrn. von Brequignn erhalten, der ſie abſchrieb,
nachdem man in London ſo unverſchämt war, dem
Hrn. Fürſtabbt eine Abſchrift unter der Bedingung
anzubieten, wenn er dem Abſchreiber wöchentlich 100
Pf. Sterl. zahlen wollte. — Es folgen die exe-
getiſchen, dogmatiſchen und polemiſchen Schriften.
— Den Beſchluß des erſten Theils machen zwo
neue gelehrte Abhandlungen: 1) Diſſ. hiſt. de haereſi Elipandi, Archiepiſcopi Toletani, et Felicis,
Epiſcopi Orgelitani; 2) D. hiſt. dogm. de haereſi
Adoptianorum. Jene hat den Hrn. Fürſtabbt ſelbſt
zum Verfaſſer, und es kommen darinn ſehr wichtige
Bemerkungen zur Aufklärung und Berichtigung dieſer Streitigkeit vor. Dieſe hat der Prior zu St.
Emmeran, Hr. Joh. Bapt. Eichueber, auf-
geſetzt, und iſt eine wider den Hrn. Konſiſtorialrath
Walch in Göttingen gerichtete, aber mit vieler Ge-

U 5 lehrſam-

lehrsamkeit und Bescheidenheit verfaßte Streit-
schrift.

Im 2ten Theil stehen zuerst die liturgischen und
moralischen Schriften Alkuins; und dann Lebensbeschreibungen des heil. Martins, Vedasts, Ruhiars
und Willebrords, ohne neue Zusätze, aber zum Theil
kritisch bearbeitet.   Hierauf folgen die Gedichte, und
zwar, in Absicht auf Ordnung und Kritik, in einer
ganz andern Gestalt, als beym dü Chesne, und mit
einigen neugefundenen bereichert.   Das wichtigste
ist wohl dasjenige, was Mabillon entdeckte, und, nebst
dem Engländer Gale, herausgab, de Pontificibus
et Sanctis ecclesiae Eboracensis.   Poetische Meisterstücke sind es freylich nicht, aber sie enthalten brauch-
bare historische Nachrichten.   —   Unter den zur
Philologie und Philosophie gehörigen Schriften erscheint hier zuerst Alkuins Buch von der lateinischen
Rechtschreibung; es ist aber keine Sammlung von
Regeln, sondern von Worten nach alphabetischer
Ordnung.   Es kann als ein kleines Glossarium des
mittlern Zeitalters angesehn und dü Fresne daraus
vermehrt werden.   —   Hernach kommen Aufsätze,
von denen es zweifelhaft ist, ob sie Alkuin zum Verfasser haben.   Die bekannten libros Carolinos de
imaginibus hat der Herausgeber weggelassen, weil
er sich überzeugt hat, daß sie zuverläßig nicht von Al-
fuin

kuin herrühren. Aber, sollte er denn gar keinen
Theil daran gehabt haben? — Noch folgen solche
Schriften, die dem Alkuin untergeschoben worden,
die aber zum Theil doch, ihres Alterthums wegen,
merkwürdig sind. — Die hierauf folgende Man-
tissa bestehet aus einigen Briefen K. Karls, die schon
dû Chesne hat; aus einem ähnlichen Schreiben an
den griech. Kaiser Michael; aus 3 Briefen Angil-
berts; aus einem Aufsatz beym dû Chesne; aus drey
Diplomen, die schon Bouquet geliefert; aus einer
Sammlung von Urkunden zur Adoptionergeschichte;
aus einem kleinen Aufsatz eines Candidi vom Eben-
bild Gottes, und einem Verzeichniß der Kirchen zu
Rom, jetzt erst gedruckt; ferner ein wunderlicher
Briefwechsel zwischen Alexander dem Großen und
einem König der Bramanen, Dindymus, der zwar
schon gedruckt, aber hier aus Handschriften verbessert
ist. Ueber dieses Stück hat Hr. Rektor Martini
zu Regensburg (jetzt zu Leipzig) eine kritische Untersuchung an den Hrn. Fürstabbt geschrieben, die hier
stehet, und für die philosophische Geschichte merkwürdig ist, die auch solchen Lesern der Alkuinischen
Werke, die vieles ohne Kritik annehmen, Anleitung
geben kann, in Ansehung zweifelhafter Aufsätze in
alten Handschriften behutsam zu urtheilen, und sich
selbst durch diese nicht sogleich hintergehn zu lassen.
— Den Beschluß machen Addenda et Supplenda,

worunter

worunter verſchiedene größere und kleinere Gedichte
aus einer Regensb. Handſchrift und eine Epiſtola
Caroli M. ad Offam, regem Merciorum vorkommen;
ingleichen Corrigenda; und ganz zuletzt ein ziemlich
vollſtändiges Regiſter.

22.

Io. Matthiae Schroeckhii, Hiſt. Prof. in Acad.
Viteberg. *Hiſtoria religionis et ecclefiae
Chriſtianae*, adumbrata in uſus lectio-
num.   Berolini, ap. Aug. Mylium A.
cIɔIɔccLXXVII. 20 plagg. in 8.

Dieſer zweckmäßige und in reinem Latein verfaßte
Auszug aus der Kirchenhiſtorie iſt bereits ſo
allgemein beliebt und bekannt, daß es unnütz ſeyn
würde, deſſen gute Einrichtung zu beſchreiben und
deſſen Brauchbarkeit darzuthun.   Alſo — nur
Anzeige, um keine Lücke zu laſſen! Bey einer neuen
Ausgabe wünſchten wir die den Docenten gegebenen
Fingerzeige auf dieſe oder jene Materie minder kurz
oder abgebrochen zu ſeyn, nämlich ſo, daß man Hrn.
Schröckhs Meynung daraus erkennen möge; welches
leicht mit wenig Worten geſchehen kann.

---

23. Des

23.

Des Abt Joseph Boscowich Reise von Konstantinopel durch Romanien, Bulgarien und
die Moldau nach Lemberg in Pohlen. Aus
dem Französ. übersetzt und mit einigen Zusä-
zen begleitet, nebst einer Karte. Leipzig, bey
Breitkopf 1779. 166 S. in 8. ohne die
Vorrede.

———

Wenn der Uebersetzer dieser Reisebeschreibung in
der Vorrede versichert, daß diese Reise zwar
klein, aber in Ansehung der Provinzen, durch welche dieselbe geschehen, höchstwichtig sey, indem der
bürgerliche, natürliche und sittliche Zustand derselben
unter uns noch nicht so bekannt ist, als er es verdient,
so pflichtet ihm der Recensent, der das Büchelchen
mit eben so vielen Vergnügen als Nuzen gelesen hat,
völlig bey, und bedauert, daß eine Reisegesellschaft,
die allzuflüchtig gieng, dem V. mehrere Beobachtungen unmöglich machte. Die Moldau fängt seit einigen Jahren an, bekannter zu werden, da mehrere
Schriftsteller uns sehr wichtige Nachrichten von ihr
geliefert haben: aber Romanien und Bulgarien kann
sich dieses Vorzuges noch nicht rühmen; daher erhalten diese Bruchstücke, die B. sammelte, einen
großen Werth. Wenn er S. 24 sagt, die Sprache
des

des Landes, (Bulgarien) ist ein Dialekt der sklawo-
nischen — eigentlich Slawischen — Spra-
che; so ist es freylich nichts mehr und nichts weniger,
als was man vorher gewußt, und der Wunsch des
Sprachforschers und des Historikers, der auf die Ue-
bereinstimmung und Abweichung der Sprachen feste
Systeme bauet, bleibt immer noch unerfüllt. Auch
dieses ist nicht genug, wenn der Uebersetzer in der
Erläuterung der Reisekarte S. 147 versichert, die
heutige Sprache sey die slawonische, die die Bulgaren, von den Slawen, die sie in dem Lande fanden,
annahmen. Dieses ist gewiß, ohngeachtet es immer
sonderbar ist, wenn ein überwindendes Volk die
Sprache des unterjochten annimmt. Wenn ein der
slawischen Sprachen kundiger Gelehrte eine Reise
nach Bulgarien unternähme, so würde er vielleicht
Wörter in der Sprache finden, die nicht slawisch wären, und uns also endlich auf die Spur bringen können, wer die Bulgaren waren, ehe sie sich mit den
Slawen vermengten, und ihre Sprache annahmen.
Vielleicht wird einst dieser Wunsch, den B. nicht er-
füllen konnte, und wollte, erfüllt. — In der
Vorrede giebt der Uebersetzer — der sich überhaupt sehr um diese Schrift verdient gemacht hat —
eine Nachricht von des B. Lebensumständen aus dem
3ten Th. von Bernoulli's lettres sur differens su-
jets. Die vorhin erwähnte Erläuterung der Reisekarte

fängt

fängt S. 141 an. Jeder Leser wird übrigens mit dem erbärmlichen Zustande der armen Einwohner dieser Provinzen, die unter dem unerträglichsten Joche mehrerer Tyrannen seufzen, Mitleiden haben.

A.

24.

Johann Bernoulli's, der königl. Akademie der Wissenschaften zu Berlin und anderer gelehrten Gesellschaften Mitgliedes, Reisen durch Brandenburg, Pommern, Preussen, Kurland, Rusland und Pohlen, in den Jahren 1777 und 1778. Zweyter Band. Rückreise von Danzig über Stettin nach Berlin im Jahr 1777 und zweyte Reise nach Danzig im J. 1778. — Leipzig bey Fritsch 1779. 258 S. und 12 S. Vorber. in 8vo. — Dritter Band. Reise von Danzig nach Königsberg und von da nach Petersburg im J. 1778. Ebendas. 1779. 298 S. in 8.

Schon der Titel dieser beyden Theile bestimmt ihren Inhalt; ihren Werth aber wird kein Leser

ser von Geschmack und Einsicht verkennen. Sie sind,
wie der erste, mit dem mühsamsten Fleiß und mit einem Bemerkungsgeiste, den nur wenige Reisende
zeigen, entworfen. Der Fleiß des Verfassers äuſ-
sert sich vorzüglich von Seiten der Litteratur, so daß
er selten einen Ort, oder eine merkwürdige Gelegenheit oder eine andre Sache vorübergeht, ohne uns
mit den Schriften, die dagegen handeln, bekannt zu
machen. Beyde Theile sind, wie der erste, dem Na-
turkundigen und Geschichtsforscher eben so wichtig,
als dem Liebhaber der schönen Künste. Zu der weit-
läuftigen Beschreibung von Danzig im 1sten Th.
liefert der V. im 2ten S. 213 ꝛc. viele Berichtigun-
gen, die bis zu S. 223 gehen, wo andre Berichti-
gungen des nämlichen Gegenstandes vom Hrn. Dia-
konus Lengnig in Danzig, anheben, und den
Band schliessen. In Stettin fand der V. (Th. 2.
S. 82) ein Ecce Homo gemalt, welches Lentulus
nach Rom von Jerusalem gebracht haben soll; eine
ähnliche Kopie fand er zu Königsberg (Th. 3. S. 93)
nur daß hier Lentulus es selbst gemalt haben soll.
Hr. B. wünscht einen Aufschluß über diese Nachricht
zu erhalten. Ohnerachtet nun R. diesen nicht geben kann, so kann er doch versichern, daß die ähnlichen Kopien, eines sogenannten Originals vom Lentulus, nicht selten sind, indem sich in seiner Gegend
zwey Exemplare, wovon das eine schlecht, das andre
ganz

ganz artig ist, befinden. Auf dem leztern steht: Dieses Bild Christi ist gestalt, wie es Lentulus hat gemahlt, und geschickt gen Rom an den Senat aus Jerusalem der Stadt. Hier folgt eine Linie von 7 Zoll. Seine Lenge ist der Linien zehnmal. Dieses stimmt also mit dem Königsbergischen überein. Im 2ten Th. S. 161. fängt sich die zwote Reise des V. von Berlin nach Danzig an. Bey der Nachricht (S. 174.) von den bey Stargard 1765 gefundenen Alterthümern hätte doch der Recensent die aus Feuersteinen gemachten Streitäxte in Kupferstich gewünscht, welches der V. um das Werk nicht zu vertheuern, unterließ. In dem 5ten Bande der englischen Archaeologia befindet sich S. 106 eine schöne Abhandlung von Streitäxten, nebst 4 Kupfern, auf welchen eine grosse Menge derselben abgebildet steht; vielleicht hätten die Stargardischen zum Supplement dienen können. Die zwote Abtheilung des dritten Bandes von S. 97:194 enthält summarische Nachrichten von den sämtlichen Provinzen des Königreichs Preussen, und ist dem Literator und Geographen sehr wichtig. Zum Schluß will R. nur aus dem 3ten Theil, S. 29 anführen, daß zur Zeit der Stiftung der Königsbergischen Universität, der Rektor 5 Rthlr. quartaliter bekam, vt magnifice se gerat atque Legatos exciperet. A.

N. Litt. der G. K. 5ter Th. X Briefe

25.

Briefe, welche eine von Herrn Dr. Uno von
Troil im Jahr 1772 nach Island ange-
stellte Reise betreffen; aus dem Schwedi-
schen übersetzt und mit Anmerkungen herausgegeben. Mit vielen Kupfern. Upsal und
Leipzig, bey Magnus Swederus, 1779.
34- S. und 26 S. Vorbericht, in 8.

———————

Dem Naturkundiger, dem Geschichtskenner, dem
Sprachforscher kann nichts angenehmer seyn,
als Nachrichten von Island, das in allem Betracht
einen sonderbaren Kontrast mit dem übrigen nördli-
chen Europa macht. Zu der Zeit, da dieses in der
tiefsten Unwissenheit lag, wetteiferte man dort in
der Dichtkunst und Geschichtskunde. Jetzt hat sich
die Scene geändert, und nur noch Liebe zu den alten Schriftstellern der Nation ist das, was den Is-
ländern von ihren ehemaligen Wissenschaften übrig-
geblieben ist. Das merkwürdigste und beste Buch
über Island ist bisher die Reise von Olaffen und
Povelsen; allein sie ist etwas theuer; überdieses
sind auch ihre Bemerkungen nur dem Naturforscher
gewidmet. Da sich nun diese Briefe mit allem,
                                                    was

was Island betrift, mit der Sprache, der alten
und neuern Geschichte, der Verfassung, der Poe-
sie und den Merkwürdigkeiten der Natur beschäfti-
gen, so waren sie den Wißbegierigen aller Klaffen
desto willkommner.   Es sind 25 Briefe, wovon die
erflen 22 vom Hrn. von T. selbst an verschiedne
Personen, die letzten drey aber vom Hrn. Kanzley-
rath Jhre, Hrn. Archiater Bäck, und Hrn. Prof. Bergmann an den Hrn. v. T. geschrieben sind.   Den
Anfang des Werks macht ein Verzeichniß von Schriften, welches der Ueberseter in chronologische Ordnung brachte und bis auf 117 Stück vermehrte.
Der Hr. von Troil, welcher Doktor der Theologie
und königl. Schwedischer Oberhofprediger ist, gab
die Briefe 1777. zu Upsala schwedisch heraus.   Er
reißte von England aus mit den berühmten Hrn.
Banks und D. Solander nach den Hebriden und
Island.   Unter den Kupferstichen, deren 12 sind,
gehören die 6 letzten zu den merkwürdigen Pfeilern
in Staffa Booshala und der Fingalshöle, die
aus Pennant's Tour in Scottland and voyage tho
the Hebrides 1772. Part. I. genommen sind, wo sie sich
in der Ausgabe von 1776. S. 300 ꝛc. sehr schön
befinden.   Die Troilische Reisebeschreibung ist so
erheblich, daß es schwer fallen dürfte, einzelne wich-

tige

tige Stellen auszuheben.   Von S. 136 bis 155
befindet sich ein alphabetisches Verzeichnis der alten Isländischen Sagen, deren eine erstaunende
Menge ist, die der Uebersetzer, Hr. Prof. Möl-
ler in Greifswalde, ansehnlich vermehrt hat. Ueberhaupt hat Hr. M. sehr viele Verdienste um diese
Briefe; auch hat die Uebersetzung selbst Vorzüge
vor dem Original, indem der Hr. von T. und Hr.
Prof. Bergmann dem Hrn. Pr. M. verschiedne
Zusätze und Verbesserungen zu ihren Briefen schrift-
lich übersendet haben.   Von Alterthümern ist das
Land gänzlich entblößt, S. 177; desto merkwürdi-
ger sind die heissen Springquellen, und vorzüglich
der Gnyser, der sich auf der 5ten Kupfertafel befindet.   Seit dem Jahre 1004 sind die feuerspey-
enden Berge in Island 63mal ausgebrochen, wovon der letzte Ausbruch 1766 vom Heckla geschah.
Natürlich war es, daß man auch hier etwas von
der Edda finden mußte.   Das wichtigste davon ist
der 23ste Brief von Ihren, der sich mit der Upsa-
lischen Handschrift beschäftigt und mit Hrn. Schlözers Zweifel und Bemerkungen in seiner Isländischen Literatur und Geschichte verglichen werden
muß.   A.

_____

26. Histo-

26.

Historischmineralogische Beschreibung der Gegend
um Jena, nebst einigen Hypothesen, durch
was vor Veränderungen unsers Erdbodens
diese Gegend ihre gegenwärtige Gestalt bekommen haben möchte. Von **Friedrich
Christian Schmidt**, der Cameralwiss.
Bess. Gotha, bey Ettinger 1779. 10 Bogen ohne die Vorrede in 8.

———

So klein dieses Buch ist, so interessant ist es für
den Geschichts- und Naturforscher. Der
erste wird zwar, so bald er wichtige historische Prob-
leme hier aufgelößt suchen wollte, wenig Trost finden; aber er wird doch ganz artige statistische und
politische Bemerkungen antreffen. Die Untersuchung der ältesten Geschichte der Nationen hat seit
einiger Zeit zwo wichtige Gehülfinnen an der Na-
turkunde und der Sprachforschung erhalten, die
ehemals nur selten, oder fast gar nicht gebraucht
wurden. Der Naturforscher untersucht jetzt zum
Behufe des Geschichtschreibers die Metamorphosen,
die eine Provinz gelitten, und lehrt ihn, was für
Revolutionen das Land durch Feuer oder Wasser

X 3   ausge-

ausgestanden; der Sprachforscher lehrt ihn durch
Vergleichung der Sprachen die ältesten Einwohner
kennen, und so wird oft genug, was ehemals Hy=
pothese war, Wahrheit.   Und in dem Betracht,
daß Hr. S. die natürliche Beschaffenheit der Jenai=
schen Gegend untersucht, und ganz artige Hypothe=
sen über die Entstehung der jetzigen Beschaffenheit
derselben beybringt, wird diese Schrift dem Ge=
schichtsforscher angenehm seyn.   Uebrigens gehört
eine Anzeige der verschiednen Foßilien und Verstei=
nerungen für den Naturforscher, und nicht in die
Literatur der Geschichtskunde.   Aber die elenden
Kupfer wird jeder mißbilligen, er sey, wer er wol=
le, indem sie nur gekritzelt sind.

A.

.27.

Beschreibung des brittischen Amerika, zur Erspa-
rung der englischen Charten; nebst einer
Specialcharte der mittlern brittischen Colo-
nien, von **Christian Leiste**, Conrector
(jetzt Rector) an der herzogl. grossen Schule zu Wolfenbüttel. Wolfenbüttel, gedruckt
mit Bindseilischen Schriften, 1778. 1 Alph.
13 u. 1 halb. B. in 8.

Der hohe Preiß der in England gestochenen Charten von den amerikanischen Provinzen veran-
laßte den Verfasser, dieses nützliche Buch zu schreiben. Er sann auf ein Mittel, wodurch die Teutschen in den Stand gesetzt werden könnten, die Entfernungen und Lagen der Oerter mit hinreichender
Genauigkeit, auch ohne jene Charten, beurtheilen
zu können. Dieses Mittel fand er in der Windro-
se, die mit einem nach einem gewissen Maasstab
eingetheilten, in ihrem Mittelpunkt zu befestigenden
Zeiger verbunden, und auf jeder gewöhnlichen Charte mit ihrem Centro an denjenigen Punkt angeheftet
werden muß, von dem man bey Bestimmung der
Entfernungen und Lagen umliegender Oerter ausge-

X 4   hen

ben will. Zu einem ſolchen Punkt wird man ganz
natürlich eine Hauptſtadt wählen; ſo wie es in der
beygelegten ſaubern Charte mit Neuyork geſchehen
iſt. Das Buch ſelbſt beſtehet aus drey Abſchnitten.
Der erſte liefert die allgemeine Beſchreibung des ge-
ſten Landes, ſeine Lage, Gröſſe, natürliche Beſchaffenheit, Bewohner ꝛc. Im zweyten Abſchnitt folget die Beſchreibung der einzelnen Provinzen, in
14 Kapiteln. Der dritte Abſchnitt, der die Geſchichte der brittiſchen Kolonien in Amerika enthält,
zerfällt in drey Abtheilungen. In der erſten trägt
der Verfaſſer die hierher gehörige Geſchichte unter
den Königen aus dem Hauſe Tundor vor; in der zwo-
ten kommt er auf die Veränderungen, die unter der
Regierung der Könige aus dem Hauſe Stuart, ſowohl vor als nach der groſſen Revolution in England, mit dieſen Provinzen vorgegangen ſind. Die
dritte Abtheilung, die vom J. 1714 bis auf die
neueſte Zeit geht, ſchildert erſtlich die Staatsbege-
benheiten des brittiſchen Amerika bis auf den Anfang der amerikaniſchen Unruhen im J. 1764, hernach den Ausbruch und Fortgang dieſer Unruhen
ſelbſt. Ein geographiſches Regiſter macht den Beſchluß.

Alles iſt aus vielen und gröſtentheils guten
Büchern mühſam und geſchickt geſammlet, und ſo
brauch-

brauchbar beſchrieben, daß man das Werf, ver‍s
ſchiedener Mängel und Fehler ohngeachtet, als das
beſte jetzt vorhandene Handbuch von Nordamerika,
empfehlen kann.

———————————

28.

Hiſtoire des ſouverains Pontifés, qui ont
ſiegé dans Avignon. à Avignon (oder
vielmehr Paris). 1777. 480 S. in 4.

——————

Der uns unbekannte Verfaſſer iſt ſeinem Motto:
Veritas hiſtoriae anima recte dici poteſt, et
ſacrarium, cui ſignis mendacium praefert, plane
ſacrilegus eſt, getreu geblieben. Er weiß die Be‍s
gebenheiten unpartheyiſch und beſcheiden vorzutragen.
Er hat ſowohl die von Baluze herausgegebnen Vi‍
tas Pontificum Avenionenſium, als auch andre das
hin gehörige Schriftſteller benutzt, folgt ihnen aber
nicht blindlings, ſondern prüfet ihre Zeugniſſe und
Gründe ſorgfältig. Am Rande hat er ſeine Ge‍
währmänner angezeigt. Seine Schreibart iſt deut‍
lich, ungezwungen und flieſſend.

———————————

29.

Hiſtoire de M. Paris, par M. de H., Offi-
cier de Cavallerie. à Paris 1776.
166 S. in 8.

———

Die vier Brüder Paris waren über 50 Jahre
lang die reichſten Kapitaliſten in Frankreich,
und die vornehmſten Aushelfer des franzöſiſchen
Hofs, zu denen dieſer bey allen Verlegenheiten Zuflucht nahm, und deren Rath er auch einhohlte, wenn
in den ſchwerſten Fällen jede Auskunft unmöglich
ſchien. Man heißt dieſe Brüder Paris, Düverney und Marmontel; denn der vierte er-
ſchien in den Geſchäften ſeltener. Düverney ſoll
Verfaſſer dieſes Buchs ſeyn; es wäre demnach eine
Art von Schutzſchrift für die Rathſchläge und Ein-
richtungen, die von den Brüdern herſtammten;
denn ihre Eintracht war ununterbrochen, und vermuthlich die Urſache ihres Glücks. Sie fiengen
1690 an, an den königl. Geſchäften Theil zu neh-
men. Ausführlich wird erzählt, wann und wie ſie
den Bedrängniſſen des Finanzweſens abgeholfen,
aber auch, wie undankbar und unbillig die königl.

Miniſter

Minister gegen sie gehandelt haben. Einen Auszug, der die Schrift beynahe selbst entbehrlich macht,
liefern die Götting. gel. Anz. 1777. S. 119.

30.

Dell' origine dei Piceni, differtazione di
Michele Catalani. In Fermo 1777. kl.
folio.

Viel Kenntnis der alten Geographie — auf allen Seiten: aber auch eine Menge zweckwi-
driger Ausschweifungen! Erst widerlegt der V. die
Meinung derer, die die Picenos von Etruscern ab-
leiten, und auch die, die sie von einem König Pi-
cüs abstammen laffen; und diese waren sehr leicht
zu widerlegen. Hierauf sagt er seine eigne Meinung,
nach dem, was Straba und Plinius melden, sie
wären nämlich Abkömmlinge der Sabiner. Er untersucht hierauf die wahrscheinliche Ursache ihrer Aus-
wanderung von den Sabinern, den Weg, den sie genommen, und die von ihnen bevölferten Gegenden, die
heutige ankonitanische Mark. Ferner läßt er sich
in unnütze Muthmasungen ein, um die Etymologie
der

der Namen von den verschiedenen alten Völker-
schaften in Italien, vorzüglich seiner Picener, aus-
findig zu machen. — Hr. Catalani verspricht zugleich eine Geschichte von Fermo (latein. Firmum
Picenum), einer in der ankonitanischen Mark liegenden Stadt.

31.

P. *Jacobi Chmel*, Benedictini Brzeunovien-
fis, in fac. theol. Prag. examinatoris
ac prodirectoris, Vindiciae concilii
oecumenici VI. queis aequitas et veritas cenfurae fynodalis adverfus
Honorium I. Pontif. vindicantur. Prae-
miffa Diff. de ortu ac exitu haerefis
Monothelitarum. Pragae, fumtibus
Fel. Mangoldt 1777. 484 S. in 8.

Für die Geschichtschreiber der päpstlichen Kirche
mußte es, nach den gewöhnlichen Begriffen
von Untrüglichkeit der Päpste, ein schwerer Knoten
seyn, wenn sie selbst einen Papst von einem allgemeinen Koncilium und von seinen eigenen Nachfol-

gern

gern unter die Ketzer versetzt fanden, wie Honorius
von dem Koncilium zu Konstantinopel als Monothe=
lot verurtheilt nnd anathematisirt wurde. Die stren=
gen Vertheidiger der päpstlichen Orthodoxie haben
mancherley Versuche gemacht, diesen Knoten zu lö=
sen. Der Verfasser gegenwärtiger lesenswerther
Schrift prüft alle ihre Rettungssysteme mit einer
eben so eblen Freymüthigkeit, als reinem Forschungs=
geist. Im ersten Theil wird die Ehre der sechsten
Synode gegen Pighi, Halloix und Garner gründ=
lich gerettet. Gelegentlich wird aus der Geschichte
der Satz bewiesen: Concilium generale esse supra
Papam. Im 2ten Th. kommt der V. auf Verita-
tem censurae synodalis. Gegen Deßrant, von
dem wir Historiam Monoth. haben, wird erinnert,
daß der Brief des Sergius an Honorius, den die=
ser letztere billigt, ächt sey. Es werde dem Papst
kein Irrthum angedichtet; er habe ihn würklich ge=
hegt, wie aus den Akten und selbst aus den Zeug=
nissen mehrerer Päpste erhelle. Also war er würk=
lich ein ketzerischer Papst? Hr. P. Chmel findet
gar keine Bedenklichkeit, es zuzugeben. Der Papst,
sagt er, ist untrüglich, wenn er ex cathedra, d. i. au-
toritate publica et consulta traditione fidei morum-
que doctrina ad fidei regulas diligenter expensa
etwas

etwas beſchlieſſet oder redet. Wo dies nicht geſchieht, da handelt er weder ex plenitudine poteſta-
tis, noch ex privilegio ſedis, ſondern als Privat-
perſon, die irren kann. Die Meinungen andrer
Kanoniſten werden geprüft und am Ende (S. 423)
zugeſtanden, daß die ganze Lehre von der Untrüglichkeit des Papſtes in Dingen, wo er von dem con-
ſenſu eccleſiac abweicht, keinen praktiſchen Nutzen
habe. Vergl. Nürnberg. gel. Zeit. 1778. St. 31.

32.

Den Jödiſke Hiſtorie fra Verdeus Skabel-
ſe til Jeruſalems ſidſte Odelåggelſe
u. ſ. f. zu teutſch: Jüdiſche Hiſtorie, von
Erſchaffung der Welt bis zu Jeruſalems
letzten Zerſtörung, mit hiſtoriſchen, geogra-
phiſchen, chronologiſchen und kritiſchen Auf-
klärungen, von M. Chriſtian Baſtholm
D. der Theol. und Pred. an der Olaikir-
che zu Helſingör. Kopenhagen 1777.
Erſter Band 436 S. Zweyter Band
464 S. in 8.

Eine iüdiſche Geſchichte in däniſcher Sprache hielt
Hr. B. um ſo viel weniger für überflüſſig, da
man

man in derſelben nur Mößmanns unvollendete und
Holbergs mangelhafte jüdiſche Hiſtorie hat. Auſſerdem, daß er ſich vornahm, dieſe Geſchichte im
gehörigen Zuſammenhang zu erzählen und das We-
ſentlichſte, beſonders aber das, was einiger Aufklärung bedurfte, auszuwählen, ſuchte er vornämlich ſcheinbare Widerſprüche zu heben, dunkle Stellen zu erklären, ungewöhnliche Begebenheiten durch
ähnliche Beyſpiele aus andern Geſchichten begreiflich zu machen, Wunderwerke theils zu retten, theils
beſſer zu erklären. Sowohl Gelehrte als Ungelehr-
te werden in dieſem Werk ihre Rechnung finden.
Indeſſen möchte man doch zwey Stücke darinn ver-
miſſen : die Harmonie der jüdiſchen und übrigen
gleichzeitigen Staaten, und die geiſtlichen und bürgerlichen Geſetze der Juden. Allein, theils gehört
das erſte mehr zu der allgemeinen Hiſtorie, theils
hat ſchon der Staatsſekretair von Güldberg in ſeiner mit vielem Beyfall aufgenommenen Verdens-
hiſtorie dieſe Lücke ausgefüllt. Und was das letztere betrift, ſo hat Hr. B. zwey unterſchiedene Werke, von dem geiſtlichen und weltlichen Staatsrecht
der Juden unter der Feder, und deswegen die mo-
ſaiſchen Geſetze hier nicht berührt. Er verweiſet
auch auf des Herrn Michaelis moſaiſches Recht, und
wünſchet

wünfchet diefem vortreflichen Werk eine dänifche Ues
berfetzung. Vergl. Kieler gel. Zeit, 1778. St. 91,

━━━━━━━

33.

Differtationes hiftorico-criticae in annales
veteres Hunnorum, Avarum et Hun-
garorum a *Georgio Pray*, facerdote,
confcriptae, Viennae, ap. Aug. Bern-
ardi, 1775. 2 Alph. 16 B. in gr. Fol.

━━━━

Da diefes Werk fchon längft im Druck er-
fchienen, jedoch in unfern Gegenden erft
fpät bekannt geworden ift, fo verfichern wir nur,
daß es feines berühmten Verfaffers vollkommen
würdig; und voll fcharffinniger, neuer Bemerkungen ift; und zeigen kurz den Inhalt der darinn befindlichen 10 Abhandlungen an. Die erfte veran-
laßte der Herren Hell und Sajeovics Beftätigung,
daß die Lappifche und Ungrifche Sprache fich fehr
ähnlich ift. Hr. Pray bemüht fich, zu beweifen,
daß die Hunnen und Ungern zu Einer Nation gehört
haben, wiewohl aus Gründen, die nicht überall
Beyfall

Beyfall finden werden.   In der 2ten Abh. werden die mit den Mondſcharen verwandten Völker bald durch ähnliche Sitten, bald durch mitge-
theilte Fragmente von Wörterbüchern, aufgeſucht.
Die 3te handelt von den Wanderungen der Finnen,
und die 4te von den Chazaren.   Die 5te iſt ein
Kommentar über die Nachrichten des Kaiſers Kon-
ſtantin Porphyrog. von den Türken oder Ungern.
Hr. P. hält die Türken für Nachkommen einiger
Ungern, die durch die Patzinaciten nach Perſien
verjagt worden.   In der 6ten Abhandlung, die
zum Theil aus ungedruckten Urkunden verfertigt iſt,
findet man Nachrichten von den Patzinaciten, Uzen
und Cumanern, ingleichen von den Cumanern, die
man in neuern Zeiten Jazygen genannt hat.   Die
7te ſehr diplomatiſche Abh. beantwortet die Fragen
des Hrn. Prof. Schlözers im 31ſten Th. der allgemein. Welthiſt. über das Alter verſchiedener in Ungern anſäſſiger Nationen.   Auch ſind darinn ziem-
lich-vollſtändige Verzeichniſſe Moldauiſcher und
Wallachiſcher Regenten; ferner Beweiſe, daß die
Wallachen von den Römern, nicht aber von den
Wlachen abſtammen; und endlich Unterſuchungen
über die Siebenbürgiſchen Sachſen.   Die 8te Ab-
handl. widerlegt die Einwürfe einiger Piariſten ge-

gen des Hrn. Pray Aufnahme der Deguignischen Theorie vom Sinesischen Ursprung der Hunnen in die ungrische Geschichte. Die 9te Abh. betrift die heil. Ursula und einige Einwürfe, die man der Prayischen Geschichte des Attila gemacht hat. Die 10te enthält einige Zusätze zu den Annalen des Verf. vornämlich Zeitbestimmungen, wann die Hunnen, Avaren und Ungern nach Pannonien gekommen sind. Vergl. Götting. gel. Anz. 1778. Zugabe St. 26.

30.

Mémoires historiques et géographiques sur la Valachie, avec un Prospectus d'un Atlas géographique et militaire de la derniere guerre entre la Russie et la Porte Ottomanne; publiés par Monsieur de B * * * à Francfort et Leipsic, chez Broenner 1778. 15 B. in 8.

Der Verfasser ist mehrern Nachrichten zu Folge, der Russische Generallieutenant, Herr von Bauer,

Bauer, der im letzten türkischen Krieg in der Wallachey kommandirte. Das Buch ist nicht allein für die Geographie, sondern auch für die Geschichte und Staatsverfassung eines bisher wenig bekannten Landes, wichtig. Denn der Verfasser ist ein Augenzeuge, und hat die sorgfältigsten Untersuchungen aller zu seinem Vorhaben gehörigen Umstände angestellt. Im ersten Kapitel handelt er von der Lage oder den Gränzen der Wallachey; im 2ten von der natürlichen Beschaffenheit des Landes, von dessen Produkten rc. politischen Eintheilung, Bewohnern, Religion, Handlung rc. Im 3ten Kap. von der Regierungsform, der Geistlichkeit, Soldaten, Kaufleuten und andern Ständen, besonders von den Bojaren, oder dem Adel des Landes, der aus drey Klassen besteht. Im 4ten Kap. ist die Rede von dem Zustand der Finanzen in der W. Die Staatseinkünfte bestehen hauptsächlich in der Kopfsteuer (Czwert, Tschwert) und in dem Zehnten vom Landbau und von der Viehzucht, welches in Produkten gegeben wird. Im J. 1766 betrugen sie 1,808920, im folgenden aber auf 2,021182 Lews (ein Lew beträgt 60 franz. Sous); also im letzten mehr, als im erstern, jedoch nicht so viel, als 1759, da sie

Y 2   sich

ſich auf 2,546828 lews beliefen. 1766 machten die Staatsausgaben 1,718021 lews aus. Das 5te Kap., das mehr als die Hälfte des Buchs füllet, enthält ein Verzeichniß aller Städte, Flecken und Dörfer in der W. nach den Diſtrikten. — Ob der zu Ende des Buchs angekündigte Atlas von 39 Bogen indeſſen zu Stande gekommen iſt oder nicht, können wir nicht ſagen: aber eifrigſt wünſchen wir es.

35.

Hiſtoire générale de Hongrie , depuis la premiere invaſion des Huns, jusqu'à nos jours; par M. *de Sacy*, Cenſeur Royale, Membre de l'Inſtitut Roy. d'Hiſtoire de Gottingen, des Acadé- mies de Caen, d'Arras &c. à Paris, chez Demonville 1778. 2 voll. 534 u. 432 S. in 12.

Nichts anders, als ein flüchtiger Auszug aus den Geſchichtbüchern Bonfins, Iſthuanſis und ei- nigen

nigen Chronicken, ohne dem Gebrauch der Pray;
fchen und andrer neuen kritifchen Werke. Die Ge;
fchichte fängt mit den Hunnen nach Deguignes Sy;
ftem an: allein das, was vor Stephan dem Erften
und dem J. 1000 gefchehen ift, füllet eine befondre
Einleitung aus. Das Ganze befteht aus 12 Bü;
chern, und endiget fich mit dem J. 1748.

36.

Recherches fur l'ancien peuple Finois d'a-
prés les rapports de la langue Grecque,
par Mr. le Pafteur *Nils Idman.* Ouvrage traduit du Suedois par Mr. *Genet,*
le fils, Secrétaire Interpréte de MON-
SIEUR, Membre des Sociétés litté-
raires *Vtile dulci* de Stockholm et *Apol-
lini facra* d'Upfal. à Strasbourg, chez
Bauer et Treuttel 1778. 149 Seiten in
8, und 1 Bogen Vorreden.

Die Beforgung des Drucks diefer merkwürdigen
Schrift hat man dem Hrn. Prof. Oberliu

zu danken, der sie auch mit einem Schreiben an den
Ueberseter und mit richtigen nützlichen Anmerkungen begleitet, auch zugleich gesteht, daß Hrn. Idmans Gründe nicht gleiche Stärke haben, und
Hrn. Genet zur Verfertigung oder Uebersetzung
einer Finnischen Sprachlehre und eines Wörterbuchs
aufmuntert. Hrn. Idmans Gründe sind auch würklich nicht überzeugend. Vieles, was er anführt,
geht nur auf entfernte Aehnlichkeiten, die alle Sprachen mit einander haben, und aus denen man mit
Recht auf eine ursprüngliche des ganzen Menschen-
geschlechts schließt. Manches kann auch darinn
Grund haben, daß die Finnen zuerst von Griechen
die Lehren und Gebräuche des Christenthums erhielten; ohne daß sich daraus der Schluß des Verfassers ziehen läßt, daß die Griechen ihre Sprache mit
Finnischen Wörtern, vielleicht auch ihre Kenntnisse
mit Finnischen vermehrt haben. Indessen verräth
doch die Schrift einen Mann von ausgebreiteter
Gelehrsamkeit, vieler Sprachkenntniß, Litteratur
und Beredsamkeit.

Nach einer vorläufigen Geschichte der Finnischen Sprache zeigt Hr. J. die Aehnlichkeiten der
Jüdischen und griechischen Sprache in Ansehung der
einfachen Buchstaben, der Diphthongen, der Ac-
cente

cente, der Dialekte, der Kontraktionen und For-
mationen der Wörter, wie auch des Syntaxes ——
aber freylich meistens sehr entfernte Aehnlichkeiten,
die sich auch in andern Sprachen finden lassen, wie
Hr. O. öfters in Anmerkungen gezeigt hat.   Dann
kommen Sammlungen finnischer Wörter, in gewis-
se Klassen geordnet, die würklich oft eine auffallende
Aehnlichkeit mit griechischen haben.   Aber daraus
folget bey weitem noch nicht, was Hr. J. daraus
schließt, daß nämlich Griechen und Finnen eine
Zeit lang Nachbarn gewesen seyn, und ihre Sprache und bürgerliche und gottesdienstliche Gebräuche
mit einander vermengt haben müßten; daß die Finnen die Scythen der alten Zeit gewesen wären, die
am schwarzen Meer gewohnt und griechische Kolonien unter sich gehabt hätten; daß folglich die Finnen ein kultivirtes Volk gewesen, welches Künste
und Ackerbau kannte, und in einer bürgerlichen
Verbindung lebte, und alles dies nach dem Norden, wohin es hernach zog, verpflanzte ꝛc.

37. Me-

37.

Memoirs of the Life, Character, Senti-
ment and Writings of Fauſtus Soci-
nus, by *Ioſué Toulmin*, London 1777, 8.

Gleich Anfangs werden die vornehmſten Lebens⸗
umſtände dieſes zu Siena 1539 gebohrnen,
und in der Folge berüchtigten Mannes, erzählt.
Hierauf wird deſſen moraliſcher Charakter geſchil⸗
dert, und aus Stellen ſeiner Schriften ſowohl, als
aus ſeinen Handlungen dargethan, daß er eifrig
für die Religion, und ein groſſer Vertheidiger der
Unſterblichkeit der Seele geweſen. Man lobt ſeine
Aufrichtigkeit, und daß er ſeine Leidenſchaften in
Zaum zu halten gewußt, und überhaupt einen exem⸗
plariſchen Lebenswandel geführt habe. Hieraus fol⸗
gert der Verfaſſer, daß alle, die den Socin für ei⸗
nen unverträglichen Mann halten, falſch urtheilen.
Man muß geſtehen, daß das Porträt, das er von
ſeinem Helden macht, überaus gut angelegt iſt, und
daß er alles angewandt hat, ihn von dieſer Seite
ſchätzbar zu machen. Zum Beſchluß ein Abriß von
Socins Lehren; wobey verſichert wird, daß ſie äch⸗
te Wahrheitsliebe zum Grunde gehabt, daß aber
dieſe

dieſe durch manche falſche Richtung ihn verführt, und er, bey dem Wahn, die Wahrheit gefunden zu haben, immer hartnäckiger in Vertheidigung ſeiner Irrthümer geworden.

38.

De vita et rebus geſtis Beſſarionis, Cardinalis Nicaeni Commentarius. Romae 1777. 4.

Wer den berühmten Beſſarion aus dieſem Buche kennen und hochſchätzen lernen wollte, würde ſich irren; denn es iſt von deſſen Leben und Thaten ſo wenig Erhebliches geſagt, daß man ſich wundern muß, wie der nur genannte Verfaſſer ſich habe erdreiſten können, ſo elendes Zeug, von ſo einem Manne, in Rom drucken zu laſſen. Beſſer kennen wir ihn aus *Hodii* Lib. II. de Graecis illuſtribus, linguae graecae litterarumque humaniorum inſtauratoribus, eorumque vitis, ſcriptis elogiis, welche Sam. Jebb 1742 herausgegeben hat; wie auch aus dem bekannten Börneriſchen

Y 5　　　　Buche

Buche de doctis hominibus graecis, litterarum graec. in Italia inftauratoribus. Lipf. 1758. 8.

─────────────────────

30.

Lettres d'un Voyageur Anglois.   Geneve 1779. 9 u. 1 halber Bogen in kl. 8.

─────

Vermuthlich ſchlug den Verfaſſer — Martin Scherlock nennt er ſich unter der Dedika-tion — das Gewiſſen, als er die beyden letzten Briefe niederſchrieb, um Leſer und Kunſtrichter durch einen Ausſpruch des, freylich getroſtern la Brunere und durch ein beygefügtes Kommentarchen zu betäuben, und für ſich einzunehmen, oder durch einen auf Fehler ſuchende Kritik geſetzten Trumpf von ſcharfer Beurtheilung ſeines Geſchreibes abzu-ſchrecken. Mich hat er weder eingenommen noch abgeſchreckt, und ich will daher freymüthig heraus-ſagen, was ich während des Leſens ſeiner Briefe empfunden und gedacht habe.

Witz und Geſchmack, auch guten franzöſiſchen Ausdruck, wird ihm ſo leicht niemand abſprechen: doch wird man auch auf weit hergeholte Verglei-

chungen,

thüngen, auf Antithesen, und Solöcismen stossen.
Indessen, über seinen Vortrag zu urtheilen, ist hier
eben der Ort nicht; ich geb' auch überhaupt gern
und willig zu, daß sein Büchlein zum Vergnügen
auf dem Sofa oder Kanapee dienen mag. Aber —
die Sachen! die Sachen! Wer nicht viel gelesen,
mit neuen Reiseschreibern wenig bekannt ist, wird
ihrer immer genug finden, die ihm neu, ergötzlich
und lehrreich scheinen mögen: andre hingegen werden, hoff' ich, mit mir einstimmen, daß Herr Martin Scherlock keineswegs der Mann ist, dem man
unbekannte Bemerkungen und Anekdoten verdanken
könne. Er gleicht mehr einem jungen flüchtigen
Franzosen, als einem beobachtenden gesetzten Brit-
ten. Ueber Gemählde und Gedichte weiß er immer
etwas Artiges, Witziges und Frappantes zu sagen,
z. B. lese man den 9ten Brief über Metastasio, den
er über Dante und Tasso erhebt: dennoch ist mir
das, was sein Landsmann Burney in den musi-
kal. Reisen von diesem grossen Dichter erzählt, weit
interressanter. Auch seine, im 6ten Brief gezogene
Parallele zwischen Raphael und Correggio ist tref-
fend, und hat einen Schein von Neuheit. Desto
weniger befriedigen mich seine Schilderungen der
von ihm gesehenen Länder und Menschen. Die
fünf

fünf erſten Briefe betreffen den gröſten Mann des achtzehnten Jahrhunderts (es müßte denn in den nächſten 20 Jahren noch ein ähnlicher aufſtehen) den einzigen in ſeiner Art, den in allen Stücken groſſen König Friedrich. Unſer Engländer erzählt von ihm einige Anekdoten, die cber, nebſt mehrern andern längſt bekannt und gedruckt ſind, z. B. in den 1778 herausgekommenen Obſervations ſur la conſtitution militaire et politique des armées de S. M Pruſſienne, in Pilati's Voyages en differens pays de l'Europe, und anderwärts. Ein groſſer Theil dieſer ohnehin kurzen Briefe beſteht in Frag-menten aus des Königs Gedichten, und aus Taſſo. Eben dies gilt von dem 23., 24 und 25ſten Brief über Voltairen. Was hier von dieſem, auch in ſeiner Art einzigen und ſtets verehrungswürdig blei-benden Genie geſagt wird, hat man ſchon hundert-mal gehört und geleſen. Doch muß man billig die Geſpräche davon ausnehmen, die Voltaire und Scherlock mit einander geführt haben, nämlich we-gen einiger witzigen Urtheile des erſtern (z. B. Robertſon eſt votre Tite-Live; ſon Charles-Quint eſt écrit avec Vérité: Hume a écrit ſon Hiſtoire pour être loué; Rapin pour inſtruire; et l'un et l'autre a obtenu ſon but). Die übrigen Briefe

ſind

ſind voll von alltäglichen Räſonnements, ſchaalen Deklamationen, und lüſtigen, nichtsbedeutenden Anekdoten. Sehr warm wird er, wenn er von den weiblichen Schönheiten zu Wien und Napoll ſpricht; läppiſch, wenn er über eine Schlittenfahrt in Entzücken geräth; kindiſch ſogar, wenn er einen ganzen Brief mit Klagen über den Verluſt ſeines Hundes anfüllt, wenn ihm bey dem Andenken an die leckerhafte Tafel des Barons von Breteuil zu Wien das Maul voll Waſſer läuft u. ſ. w.

Und doch iſts möglich, daß bereits eine teutſche Ueberſetzung von dieſen leeren Brieflein unter Wegs iſt!

———————————

40. 41.

History of the Colonization on the free states of Antiquity, applied of the preſent Conteſt between Great Britain and her American Colonies. With Reflexions concerning the future Settlement of theſe Colonies. London 1777. 4.

Geſchichte

Geſchichte der Koloniſirung der freyen Staaten
des Alterthums, angewandt auf den gegen‐
wärtigen Streit zwiſchen Großbritannien
und ſeinen amerikaniſchen Kolonien; mit Be‐
trachtungen über die künftige Einrichtung die‐
ſer Kolonien. Aus dem Engl. Leipz. in der
Weygandſchen Handlung 1778. 13 B. in 8.

―――――――

Die Geſchichte der menſchlichen Geſellſchaft leh‐
ret, daß die Koloniſirung beynahe gleichen
Schritt mit der Civiliſirung gehalten, und daß bey‐
de ihren Gang von den Aſiaten, die ſich durch ihre
Pflanzſtädte an den Ufern des Mittelmeers berühmt
machten, zu den Griechen, von dieſen zu den Rö‐
mern, und von ſolchen zu den übrigen Europäern,
beſonders nach Amerika's Entdeckung, genommen
haben. Je natürlicher es war, daß der ſetzige Streit
der nordamerikaniſchen Kolonien mit ihrem Mutter‐
land uns an die Kolonien der Alten und an ihre
Verbindungen mit dem Hauptland erinnerte; deſto
willkommner muß eine Schrift ſeyn, die uns ſolche
aus den Quellen kennen lehrt. Die Natur dieſer
Verbindungen zu unterſuchen, den Umfang der Ge‐
richtsbarkeit zu beſtimmen, welche die Nationen
über

über die Kolonien ausgeübt haben, beſonders aber
zu beweiſen, daß ſie ſchon das Recht ausgeübt, dieſen Kolonien Schaßungen aufzulegen, iſt der Haupt-
gegenſtand dieſer Schrift, deren Verfaſſer es nicht
an Gelehrſamkeit, Einſicht und guten Vortrag fehlt,
ob ſich gleich hin und wieder Erinnerungen machen
ließen. Um ſeinen Zweck zu erreichen, ſtellt er in
den drey erſten Kapiteln die Karthager, Griechen
und Römer auf, und zeigt, wie und was für Kolonien ſie angelegt, in welchem Verhältniß ſie mit
ihnen geſtanden, was für eine Gerichtsbarkeit ſie
über ſolche ausgeübt, wie ſie ſolche behandelt, und
daß ſie ſolche mit Taxen belegt haben. Im 4ten
Kap. (S. 167 bis 202.) folget alsdann die An-
wendung auf den gegenwärtigen Streit zwiſchen
Großbritannien und ſeinen Kolonien in Amerika.
Der Verfaſſer behauptet, daß letztere eben ſo ehr-
getzige Abſichten, wie die ehemaligen rebelliſchen
Koloniſten der Karthager, Athener und Römer, haben, und ſucht Englands Recht, Amerika zu taxi-
ren, und ihnen keine Theilnehmung an der bürgerlichen Regierung des Mutterſtaats zu laſſen, durch
die Beyſpiele der Alten zu rechtfertigen. Zuletzt
ſchlägt er Mittel vor, wie die Kolonien wieder in
Verbindung mit Großbritannien gebracht werden
könnten.   Manche

Manche von dem Engländer nicht gemachte feinere Bemerkungen über diese Materie findet man in des Hrn. Hofraths Heyne Programmen de veterum coloniarum iure eiusque caussis, von denen genaue Auszüge in den Götting. Anzeigen von gel. Sachen 1766. St. 80 und 1767. St. 6 stehen.

42.

Numismata graeca non ante vulgata, quae *Antonius Benedictus* e suo maxime, et ex amicorum Museis se legit, subiectisque *Gasparis Oderici* animadversionibus suis etiam notis illustravit. Romae 1777 ex officina Zempeliana, in 8.

Es sind 28 Münzen, die hier in Kupfer gestochen und durch gelehrte Anmerkungen erläutert sind.

43. Cre-

43.

Cremonenſium monumenta Romae extan-
tia, collegit atque illuſtravit *Thomas
Auguſtinus Vairani*, Ordinis Praedica-
torum, Romae 1778. 4.

In dieſem Werke finden ſich Nachrichten und
Beſchreibungen von den, einigen berühmten
Cremoneſern in Rom geſetzten Denkmahlen und In-
ſchriften, und zugleich das Leben derſelben. Dieſe
Cremoneſer ſind Pla'ina, Vida, Faernus, Gre-
gor der 14te, die Karbinäle Sfondrati, Ariberto,
Scalia, Rocci, Girolamo, Vidoni u. a. m.

Hiſtoriſche Diſſertationen, Diſputationen, Programmen und andre kleine Schriften.

---

1. De iure convocandi Electores ad electio-
nem Regis Romanorum ante auream bullam; Com-
mentat. I. et II. ad illuſtr. A. B. tit. 4. §. 2. Auct.
D. *Runde*, Prorect. Carolini Caſſell. 1776. 1777.
6 Bogen in 4. Die Meynungen der Publiciſten

und Geschichtforscher über diesen Gegenstand sind
getheilt. Einige sagen, diese Befugnis, die übrigen Fürsten zur Wahl einzuladen, sey Kurmainz
von alten Zeiten her zuständig, und in der G. B.
nicht sowohl von neuem ertheilt, als vielmehr be-
stätiget worden. Andere behaupten, Kurpfalz habe unter verschiedenen Umständen und auf verschiedene Art vor der G. B. dabey konkurrirt. Hr. R.
hat hierinn den sichersten Weg gewählt; er betrachtet die ältesten Nachrichten von Berufungen zu
Königswahlen, von der Wahl des Gegenkaisers
Rudolf von Schwaben an, bis auf Karl den 4ten,
aus welchen das Kurmainzische Recht erhellet. Der
scharfsinnige Verfasser der Betrachtungen über die
Wahlkapitulationen der römischen Kaiser und teutschen Könige, geht noch weiter, bis auf Konrad
den Salier und Lothar zurück, wo schon der Erzb.
von Mainz der Urheber und Vollender des Wahl-
geschäftes, folglich auch der Konvokator war. Aus
den in der ersten Abh. mit vieler Genauigkeit ge-
sammleten Originalstellen bildet der V. in der zwo-
ten den Satz: daß vor der G. B. zuweilen gar keine Berufung der Fürsten zur Wahl geschehen, dieselbe aber, wenn sie nöthig war, allemahl durch
Mainz verrichtet worden,

2. Nach

2. Nach 1774 vorausgeschickten Programm
von der Partikulargeschichte teutscher Staaten überhaupt, und von der hessendarmstädtischen insbeson-
dere, hat der Hr. Prof. und Rektor Wenk zu
Darmstadt in drey Progr. die Geschichte der Dyna-
sten von Eppenstein abzuhandeln angefangen. Um
aber nicht durch allzulangwierige Fortsetzung der Ep-
pensteinischen Geschichte zu ermüden, hat er in dem
Osterprogramm 1777 einen andern Gegenstand
gewählt: die Geschichte der hessischen Historiogra-
phie. Die Absicht geht blos auf Erzählung der
öffentlichen Anstalten zur Beförderung hessischer
Geschichte, oder auf das, was Fürsten und Gelehrte zusammen gethan, oder thun wollten. Auch
hat Hr. W. nicht über die Zeiten der beyden regie-
renden fürstl. Häuser hinausgehen wollen. Er erzählt uns daher, nach mühseelig angestellten Untersuchungen, genau und deutlich, was die Landgrafen
von Hessen, Philipp der Großmüthige, Moritz
Ludwig 5, Georg 2, Wilhelm, Karl, und Ernst
Ludwig durch Aufmunterung und Unterstützung Sleidans, Wilh. Schäfers genannt, Dilich, Goldasts,
Konr. Bachmanns, J. B. Schupps, Joh. Just.
Winkelmanns, Tolners, Gerdes, Schminks, Lieb-
knechts, Ayermanns, Estors u. a. zur Beförde-

Z 2   rung

rung der heſſiſchen Geſchichte gethan haben. Aber
dieſe rühmlichen Bemühungen wurden nicht immer
mit dem bezweckten glücklichen Erfolge bekrönt. Der
Goldaſten z. B. ertheilte Auftrag ward nicht vollzogen, weil er in andre Dienſte trat. Bachmann
ward mitten in ſeinen Bemühungen durch den Tod
weggeraft. Schupp ließ 1645 aus Verzweiflung
das Werk liegen, weil ihm ſeine Beſoldung nicht
richtig bezahlt wurde; woran aber das Unglück des
30jährigen Kriegs mit Schuld geweſen. Winkel-
mann lieferte von ſeiner heſſiſchen Chronik nur
die 5 erſten Theile im Druck: vom 6ten wurden
bey ſeinem Leben nur 4 Alph. gedruckt, und auch
dieſe nebſt ſeinen übrigen Manuſcripten verſetzt.
Tolner wurde auch durch den Tod an Vollendung
der angefangenen Arbeit gehindert. Sein hinter-
laſſenes Mſcpt. kam nach Caſſel. Am längſten hat
ſich Hr. W. bey den Winkelmanniſchen zur Heſſiſchen Geſchichte gehörigen Handſchriften, deren Anzahl, Beſchaffenheit und Schickſalen verweilet.

3. Progr. de lite exemtionis Glauchenſis Auct.
Gottl. Franke, Prof. Phil. ord. et h. t. Procancell.
Lipſiae 1776. 12 S. in 4. Erſt überhaupt etwas
von der Exemtion und den davon handelnden Schriftſtellern;

stellern; dann von den Schriften, die in der Glau-
chischen Exemtionssache sind gedruckt worden; hierauf die Geschichte dises Streits selbst, von seinem
Anfang bis zum J. 1629, von da bis 1662, ferner bis 1670, bis 1679, und dann bis 1689. Im
J. 1725 wurde die Sache wieder rege gemacht, blieb
aber bald wieder liegen, und liegt noch. Hr. F.
verdient nicht wenig Dank, daß er diesen Streit so
nett und deutlich auseinander gesetzt und dargestellt hat.

4. Ehrengedächtnis Eberhards, des Stifters
der hohen Schule Tübingen und der rühmlichen Erlangung seiner herzogl. Würde, bey Gelegenheit des
dritten Universitätsjubiläi aufgerichtet von dem der-
maligen Prorectore desselben D. G o t t f r i e d D a -
n i e l H o f f m a n n s, herz. Würtemb. geh. Rath
und Tübing. Staatsrechtslehrer. Tübingen 1777.
38 S. in 4. Eigentlich eine Widerlegung der
Behauptung des Kanzlers von Ludewig und Reichs-
hofraths v. Senkenberg, als wenn die Grafen von
Würtemb. die herzogl. Würde vom Kaiser Max. 1
mehr erzwungen, als freywillig von ihm erhalten
hätten. Hallwachs, ehemal. Prof. der Geschichte
zu Tübingen, hatte dies schon in einem Progr. 1729

Z 3

wider-

widerlegt, welches Hr. H. auch hier in den Noten wieder hat abdrucken lassen. Noch umständlicher thut er es selbst, aber freylich in der altfränkischen Schreibart, die man schon aus andern Schriften dieses berühmten Mannes kennet. Beyläufig zeigt er, daß Max. 1. sich zuerst am 25 May 1492 des seit Karls 5. Zeit in der östreich. Titulatur gewöhnlichen Titels eines Fürsten von Schwaben bedient habe, nachdem dieser Titel von der Zeit Herz. Rudolfs 4. von Oestreich, der sich desselben statt des herzoglichen noch eine Zeit lang bedient, ohngefähr von 1363 an in Urkunden und Siegeln aufgehört hatte.

5. Miscellanea quaedam historiae universitatis Tubingensis, occasione tertii eius Iubilaei saecularis *altero felicioris* (Diese Worte beziehen sich auf die Inschrift der Jubelmedaille) velut aliud agenti subnata *Godofr. Dan. Hoffmanno* cet. Tubing. 1777. 24 S. in 4. Für Auswärtige ist in diesen Miscellaneen besonders der diplomatische Umstand merkwürdig, daß die Stiftungsbulle der Universität nicht, wie sonst in Gnadensachen der römischen Kanzley gewöhnlich ist, an seidenen Fäden, sondern, wie bey Gerechtigkeitssachen betreffenden

Urkun

Urkunden, an einem Bindfaden hängt. Nach
S. 11. ist der Kanzler der Universität nicht nur der
Kommissarius des Herzogs, der oberste Aufseher und
Beschützer der Gesetze, denen er aber doch selbst un=
terworfen ist, sondern auch der Beschützer und Er=
halter der Privilegien der Universität, wie auch der
Vertreter und Mittler zwischen dem Herzog und
dem akademischen Senat, wie auch zwischen der
Universität und der Stadt rc.

6. Acta Trudperti Martyris, omnium, quae
extant, antiquissima, ad illustrandas origines domus Habsburgo-Austriacae ex codice Mst. biblio-
thecae Acad. Argentorat. producta; praeside *I. M.
Lorenz*, Eloquent. et Hist. P. P. O. — Argent.
1777. 5 B. in 4. Henschen und Papebroch lie=
ferten bereits diese Märtyrerakten in den Actis Sanctorum (April 26. T. 3.), und Pez brachte sie
aus einer Handschrift der Abbtey Zwifalten, und
Herrgott aus andern Handschriften von St. Gallen
und von der Universitätsbibliothek zu Basel, ans
Licht. Durch einen glücklichen Zufall kam ein auf
Pergament geschriebenes Exemplar dieser Actorum
in die Hände des Hrn. Prof. Lorenz, der es vom
Untergang rettete. Es ist das älteste unter denen,

die man bisher kennet; und die andern sind aus dieser ächten Urkunde kopirt und mit einigen Zusätzen
bereichert worden, die nichts Wesentliches, sondern
nur die Ausschmückung des Vortrags zur Absicht
haben. Dieser Strasburg. Kodex ist aus dem 9ten,
oder wenigstens 10ten Jahrhundert; wie hier durch
verschiedene Gründe und durch eine in Kupfer ge-
stochene Schriftprobe gezeigt wird; und es lassen
sich daraus verschiedene Unrichtigkeiten, zu denen
Herrgott durch eine minderrichtige Abschrift verleitet
wurde, verbessern.   Hr. L. giebt hier den Abdruck
desselben, nebst dem daraus entlehnten Text des
Kodex von St. Gallen und den Varianten des Zwi-
faltischen und Baselschen , ingleichen auch einem
Breviario von den Umständen und dem Tode Trud-
perts, das sich ebenfalls in der Strasb. Bibl. befindet.   Der genealogische Gebrauch dieser Schrift
ist folgender: Es wird darinn eines Othperts und
Ramberts, aus dem Brisgauischen Adel, gedacht,
die im 7. und 9ten Jahrh. sich um das Andenken
des Märtyrers durch Stiftungen verdient machten.
Graf Luitfried der 4te v. Elsaß nennet in einer Urkunde von 902 diese beyden Männer seine Vorfahren.   Landgr. Albrecht v. Elsaß erklärt in einer andern Urkunde von 1185 jenen Othpert, Rambert
und

und Luitfried gleichfalls für seine Vorfahren; und
Rudolf v. Habsburg, nachheriger Kaifer, fagt in
einer Urkunde von 1259, daß erftgedachter Albrecht
fein Urgrosvater gewefen. Und auf diefe Art finden
wir Stammväter des Habsburgifchen Haufes im
7ten Jahrh. und zwar nicht durch genealogifche
Muthmaßungen errathen, oder gar, wie manchmal gefchieht, erdichtet; fondern aus den ficherften
und zuverläßigften Zeugniffen erwiefen. Vergl.
Nürnberg. gel. Zeit. 1778. St. 66.

7. Der Rektor und Scholarch zu Oehringen,
Hr. Franz Karl Eggel, hat zu feiner Inau-
guralrede durch ein Progr. eingeladen de hiftoria
patriae, praecipue Franconico-Hohenlohica, 1778.
2 B. in 4. Bloße Deklamation über die Nachläf-
figkeit der Teutfchen in Bearbeitung ihrer Gefchichte, über die Schwierigkeiten diefes Studiums, Lob-
fprüche derer, welche die fränkifche Gefchichte bearbeitet haben, feichte Urtheile über Hanfelmanns und
Wibels Arbeiten u. f. w. Das einzige, was wir
von der fränkifchen Hiftorie Neues darinn bemerkt
haben, ift diefes, daß ihn Hrn. Wills Bibliotheca
Norica auf den Gedanken gebracht hat, einen Indi-
cem vel fyllabum fcriptorum ad Franconiam perti-

3 f   nen-

ncntium, et publicorum et privatorum, quin et anecdotorum zu verfertigen, ohne jedoch eine recensirende Bibliothek zu schreiben. Wir wünschen, daß er diesen Gedanken zur That bringen, und dadurch den Anfang machen möge, sich ein litterarisches Verdienst um die fränkische Geschichte zu erwerben.

8. Zur Erlangung der Magisterwürde schrieb und vertheidigte zu Altdorf im Nov. 1777. Herr Joh. Michael Felbinger aus dem Nürnbergischen, unter dem Vorsitz des Hrn. Prof. Will Specimen inaugurale historicum de prisca ecclesia in pago Rasch prope Altorfium Noricorum, 40 S. in 4, nebst einem Wappenkupfer. Die Schrift ist mit vielem Fleiß und in einer guten Schreibart abgefaßt, und erregt in uns den Wunsch, daß ihr Verfasser fortfahren möge, seine Fähigkeiten auf wichtigere historische Untersuchungen zu wenden. Nach einer kurzen Beschreibung der Lage von Rasch werden die Geschlechter, die ehedem daselbst gewohnt haben, namhaft gemacht, die Rechte der Herren in Rasch, die alte Käpelle und Kirche daselbst, welche die Mutterkirche von vielen umliegenden und auch selbst von der Altdorfischen war, ihre Verbindung mit der Universität zu Heidelberg, nebst den

nach-

nachmahligen Veränderungen beſchrieben, und zu-
leßt ein Verzeichniß von Raſchiſchen Urkunden an-
gehängt, die theils in dieſer Abſ. zuerſt bekannt gemacht, theils aus andern Büchern allegirt ſind.

9. De vicariis Imp. Rom. Germ. ſpeciatim
de vicariatu Germaniae inferioris, Eduardo III,
Angliae Regi, a. 1338 commiſſo — diſp. Ic. Will.
Metzler. Argentor. 1778. 11 B. in 4. Das
Vikariat, das Kaiſer Ludwig der Bayer dem engl.
Kön. Eduard dem 3ten aufgetragen, gehört unter
die Gegenſtände der teutſchen Geſchichte, die bisher
noch nicht genug aufgeklärt worden, und die auch
wohl niemand recht aufklären könnte, als der die-
nigen Hülfsmittel hatte, mit denen Hr. M. die Sache vornahm. Nachdem er vorläuffig von den ver-
ſchiedenen Arten der Vikarien in Teutſchland, Jta-
lien, Arelat, Lothringen, gehandelt, ſo ſchildert er
die Verfaſſung Niederlothringens nach Abgang der
ſchwäbiſchen Kaiſer, und zeigt darauf die verſchie-
denen Anläſſe Eduards und Ludwigs, in eine ſolche
Verbindung mit einander zu treten. Alsdann wird
die Errichtung dieſes Vikariats, die Schwierigkeit-
ten, die ſich dabey hervorgethan, die Verrichtungen
Eduards, als kaiſerl. Stellvertreters, die Aufhebung

bung dieses Verhältnisses, die Länder, über die sich
das Vikariat erstreckte, und die damit verknüpften
Rechte — in so weit diese beyden letztern Gegen-
stände, in Ermangelung der Bestallungsurkunde,
aus andern Gründen sich bestimmen lassen — mit
ungemeinem Fleiß aus den wichtigsten historischen
Werken entwickelt. Zuletzt finden wir noch eine
merkwürdige und entscheidende Erläuterung über die
so streitige Münze K. Ludwigs mit dem doppelten
Adler, die am Ende der Abh. beygedruckt ist. Hr.
M. nimmt die Hypothese des Hrn. v. Pfeffel an,
daß K. Eduard, als kaiserl. Statthalter in den Nie-
derlanden, diese Münze habe prägen lassen; und
bestärket sie mit neuen Gründen, welche die Muthmasungen andrer Gelehrten hierüber weit überwie-
gen. Den Schluß machen einige sehr schätzbare
Urkunden über diese Materie, die dem Verf. aus
den Archiven zu Brüssel und Lille mitgetheilt worden sind. Vergl. Nürnb. gel. Zeit. 1778. St. 21.

10. Herr M. **Hallenberg** in Upsala hat
im J. 1777 in drey Disputationen, die zusammen
9 Bogen betragen, die Frage untersucht: Quid ad
mores et civile imperium gentibus Europaeis prae-
fuerint expeditiones cruciatae? Mit vieler Belesenheit

ſenheit und Einſicht zeigt er, daß die Kreußfahrer
ſchon in Italien, wo ſie gemeiniglich erſt anlandeten,
hernach in Konſtantinopel, und endlich in Aſien ſelbſt
vieles, was Wiſſenſchaften und Sitten betraf, ler=
nen mußten. Das Feudalſyſtem litt durch die Kreuß=
züge einen heftigen Stoß, und die Macht der Für=
ſten ſtieg. Die Kreußheere mußten ſelbſt bisweilen
ihren Herren zur Bezwingung troßiger Vaſallen
helfen. Viele vornehme Geiſtliche zogen mit; die
Fürſten bekamen alſo freyere Hand; und da die
Geiſtlichen Geld zu dem Kriege hergeben mußten,
zogen die Fürſten ſie allmählig zu den Landesſteuern.
Die innerlichen Kriege und Unruhen hörten auf, und
die Geſeße traten an die Stelle der Waffen u. ſ. w. —
Dieſe Abhandlung erinnert uns an eine ähnliche, die
wir, weil ſie älter und leicht zu erlangen iſt, nur
ganz kurz nachhohlen wollen:

11. De utilitate expeditionum cruciatarum,
commentatio hiſt. Pars prior Praeſ. *I. M. Schroeck-*
hio — auctore *Godofredo Auguſto Meerhemio,*
AA. Mag. — *Pars altera,* Praeſ. *Meerhemio* —
Reſp. I. C. Reinholdo, Vitebergae 1776. 6 Bogen
in 4. Herr Meerheim läugnet keinesweges den
Schaden, den die Kreußzüge geſtiftet; er behauptet
vielmehr

vielmehr am Ende seiner schönen Abhandlung, daß
der Schade beträchtlicher, als die Vortheile wären:
aber er will hier nur beweisen, daß sie auch dem
menschlichen Geschlecht auf verschiedene Art nützlich
geworden, in Ansehung der Verfassung der Staa=
ten, der Künste und Wissenschaften, der Handlung ꝛc.
Das Wesentliche ist schon von andern, z. B. von
Cramer (in seiner Fortsetzung des Bossuet, Th. 3.
S. 708.) und von Robertson (in seiner Gesch.
Kais. Karls des 5ten, B. 1. S. 29 u. ff.) gesagt
worden: aber hier wird doch diese interessante Ma=
terie ausdrücklich, und nach den Quellen behandelt,
woraus manche neue, artige Bemerkungen entstan=
den sind.   Des Hrn. Oberpredigers Rambach
Abh. von dem Einfluß der Kreutzzüge auf die Be=
förderung der Künste und Wissenschaften scheint
Hrn. M. nicht bekannt gewesen zu seyn.   Sie ste=
het in dessen vermischten Abhandlungen aus der Ge=
schichte und Litteratur (Halle 1771. 8.) S. 145=
172.

12. De Bernhardi Ascanii ducatu Saxonico,
comment. hist. — Praes. *G. A. Meerheim* —
comite I. C. Reinhold. Viteb. 1776. 3 u. 1 halb.
B. in 4. Die Hauptabsicht ist, zu beweisen, daß
Bernhard das Herzogthum Sachsen — einige
Provinzen

Provinzen ausgenommen, die, bey den Unruhen
nach Heinrichs des Löwen Entsetzung, theils an verschiedene
schiedene Prälaten kamen, theils die Reichsunmittelbarkeit
telbarkeit erhielten — würklich regiert und den Titel
tel davon geführt habe. Um dies aufzuklären, geht
Hr. M. in die ältere Geschichte zurück, und handelt
von dem Zustand der sächsischen Völker von Bernhards
hards Zeiten, zigt auch bey der Gelegenheit, daß
das Lauenburgische nicht als ein Eigenthum Heinrichs
richs des Löwen anzusehen sey; sondern daß es zu
seinem Reichslehn gehört habe. Hierauf geht er
die vornehmsten Begebenheiten Bernhards, nach dessen
sen Gelangung zum Herzogthum Sachsen, durch,
und schließt mit der Wiedereroberung der jenseits
der Elbe gelegenen sächsischen Provinzen, die zu
Bernhards Zeit abgekommen waren, nach dessen
Tode aber von Albrecht, seinem Sohn, wieder mit
Sachsen vereiniget wurden.

―――――――――

Geschichtszeitung.

―――――

Die Gesellschaft der Wissenschaften zu Harlem
ist durch eine Stiftung des verstorbenen Herrn Nik.
Wilh.

Wilh. Kops in den Stand geſetzt worden, folgende Preißfrage zur Beantwortung für das J. 1781 aufzugeben:

Aus was für Urſachen iſt der Handel der Republik der verein. Niederl. nach Norden, in den Belt und ins mittelländiſche Meer faſt verloſchen? Warum wird dieſer Handel jetzo gerade zu, ohne Vermittelung der Republik geführt? Wie könnte man dieſen unmittelbaren Handel hemmen, oder wenigſtens ſchwächen, daß die Republik wieder die Niederlage der Waaren aus dem Belte und dem mittelländiſchen Meere wird?

Eine andre für das J. 1781 ausgeſetzte Frage eben dieſer Geſellſchaft iſt:

Giebt die Geſchichte die Zeit beweißlich an, wann die Texelſche Fregaten entſtanden ſind? Was ſind die vornehmſten Aenderungen, die ſie gelitten haben? und was für Folgen haben ſie, in Abſicht auf die Zuyderſee und auf das Y, auch auf die Küſten und Deiche *)?　　　　　Die

***

*) Dieſe Frage war ſchon einmahl im J. 1776 aufgeben worden. S. fortgeſetzte Betracht. ab. d. neu. hiſt. Schr. Th. 3. S. 200.

Die Aufſätze werden kurz gewünſcht, mit Weg-
laſſung Alles, was nicht zur Frage gehört.   Sie
müſſen nicht eigenhändig von den Verfaſſern geſchrie-
ben, noch mit ihren Namen bezeichnet ſeyn, ſondern mit einem Wahlſpruch und einem verſiegel-
ten Zettel, der den Namen enthält: holländiſch,
franzöſiſch oder lateiniſch.   Sie werden poſtfrey an
den Sekretar der Geſellſchaft, Hrn. C. C. H. von
der Aa, geſandt.   Der Preiß iſt die gewöhnliche
Medaille.

*   *   *

Im J. 1778 hatte die hiſtoriſche Klaſſe der
kurfürſtlichen Akademie der Wiſſenſchaften in München die Frage aufgeworfen: Da Babo, Graf zu
Abensberg, nach Aventins Bericht, mit zwo
Ehegattinnen 32 Söhne erzeugt haben ſoll, ſo
entſteht die Frage: welche von dieſer oder jener
Ehe, und in welchem Jahre ſie gebohren waren,
was für Güter, oder Ortſchaften dieſelben inne
gehabt; ob und wie ſie ihre Linien fortgepflanzet,
und was für Wappen ſie geführt haben? Niemand hat dieſe Frage ſo aufgelößt, daß ihm die
Akademie den Preiß hätte zuſprechen können.   Sie
hat aber die mühſam ausgearbeitete Schrift mit dem
Wahlſpruche: Documenta damus, quâ ſimus origine nati, welche der von gedachter Akademie öfters
ſchon gekrönte Hr. P. Romanus Zirngibel,
Bibliothekar des fürſtl. Stifts St. Emeran in Regensburg verfaſſet hat, mit einer goldenen Medaille
von 20 Dukaten belohnen wollen.

Für das Jahr 1781 wirft ſie die Frage auf:
Mabillon hat im Jahr 1683 auf ſeiner Reiſe durch
Bayern in dem Frauenkloſter zu Geiſenfeld folgen-
de Grabſchrift entdecket:

VI. Litt. der G. A. 5ter Th.   A a   Hac

Hac iacet in Tamba Gerbirgis filia Regis
Graeci Stertoris, Eberhardique fuit
Neptis, huius loci prima fertur Praelata fuiſſe.

Nun ſollen die Aeltern und Voreltern dieſer Ger-
birg, die eine Tochter des griechiſchen Königs
Stertor, eine Enkelin des Grafen Eberhard,
und die erſte Aebtiſſin zu Geiſenfeld genannt wird,
angezeiget werden. Anbey erwartet die Akademie,
wenn es ſeine Richtigkeit hat, daß gemeldter Eberhard von dem Geſchlecht der Grafen von Sempt
und Ebersberg abſtammen ſollte, eine nach der Art des
Altorfiſchen Hrn. Prof. David Köhlers *) ausgearbeitete Geſchlechtstafel der Grafen von Sempt
und Ebersberg.

Der Preiß iſt die gewöhnliche Medaille von
50 Dukaten. Die Abhandlungen müſſen längſtens
bis zu Ende des Julius 1781 mit verſchloſſenen Namen und ſelbſtbeliebigen Deviſen in teutſcher, franzöſiſcher oder lateiniſcher Sprache an den kurfürſtl.
würkl. geiſtlichen Rath und Sekretar der Akademie,
Hrn. Ildefons Kennedy eingeſendet werden.

Wir führen zugleich die für das J. 1780 vorgelegte Frage aus den ſchönen Wiſſenſchaften an,
weil ſie in das hiſtoriſche Fach mit einſchlägt. Sie
lautet ſo: Sind die bildenden Künſte, Malerey,
Sculptur u. ſ. w. in Teutſchland dermal in Aufnahme oder im Verfall? Der Preiß iſt eine goldene Medaille von 12 Dukaten, und die Bedingun-
gen, wie bey der hiſtoriſchen Frage.

*   *   *

In einer am 28ſten Januar 1779 gegebenen
Verordnung zu einer neuen Einrichtung des Kollegiums

---

*) Es ſind dies die Worte des vor uns liegenden gedruck-
ten Programms der Akademie.

giums der auswärtigen Angelegenheiten hat die Ruſ-
ſiſche Kaiſerin befohlen, „man ſolle zum Beſten der
„Ruſſiſchen Geſchichte ſich bemühen, eine Samm-
„lung aller alten und neuen öffentlichen Verträge,
„nach dem Muſter des Corps diplomatique von
„Dumont, zu Stande zu bringen, und dieſes Ge-
„ſchäfte dem über das Archiv des gedachten Kol-
„legiums geſetzten Staatsrath Müller in Mos-
„kau auftragen."

* * *

Durch eine in Ruſſiſcher Sprache abgefaßte
Schrift, die im J. 1778 zu Petersburg herausgekommen, und aus dem neueſten Stück von Hrn.
Bacmeiſters Ruſſiſchen Bibliothek erhalten wir die
erfreuliche Nachricht von einer künftig zu erwarten-
den Allgemeinen topographiſchen und phyſikaliſchen
Beſchreibung des Ruſſiſchen Reichs, die aus folgenden fünf Haupttheilen beſtehen wird: 1) Allgemeine geographiſche Beſchreibung, 2) allgemeine
hiſtoriſche, 3) allgemeine ſtatiſtiſche, 4) beſondere geographiſche und 5) phyſikaliſche Beſchreibung
des Ruſſiſchen Reichs. Die zur Ausarbeitung dieſes Werks beſtimmte Kommittee beſtehet aus den
Herren Rumowſki, Pallas, Lepechin, Gülden-
ſtädt, Laxmann, Inochodzow, Georgi und
Stritter. Herr Inſpektor H. L. C. Bacmeiſter
war auch zum Mitglied der Kommittee ernennt worden, er nahm aber — wir wiſſen nicht warum? —
ſeinen Abſchied von der Akademie der Wiſſenſchaften, folglich auch von der Kommittee.

* * *

Herr Franz Joſeph Sulzer, ehemaliger k. k.
Hauptmann und Auditor, kündiget in einem um-
ſtänd-

ständlichen Avertissement an eine Geschichte des transalpinischen Daciens, oder der Wallachey und Moldau, in einem Zusammenhang mit der Geschichte des übrigen Daciens. Da der Verfasser diese Länder selbst bereiset, einige Jahre in Diensten der dortigen Hospodaren zugebracht, die Landessprache gründlich erlernt, und durch dieselbe die neuere Geschichte der Fürsten, die wir noch kaum ihrer Herkunft nach kennen, aus den Quellen selbst mit kritischer Behutsamkeit geschöpft hat; so kann man billig etwas ganz Vorzügliches und Interessantes von ihm erwarten. Der von ihm vorgelegte Plan des ganzen Werks, das auf zwey Oktavbände stark werden wird, und auf Subscription gedruckt wird, ist zu weitläufig, als daß wir ihn hier mittheilen könnten. Wir wünschen, daß er ihn der gemachten Erwartung gemäs ausführen möge.

* * *

Der bisherige Herr Professor Dohm in Cassel ist als geheimer Sekretar und Archivar an das königliche Archiv nach Berlin, mit dem Charakter eines königl. preuß. Kriegsraths, berufen worden, und ist im November 1779 dahin abgegangen.

* * *

Die Akademie der Wissenschaften zu Toulouse hatte einen vierfachen Preiß für das J. 1772 demjenigen Gelehrten ausgesetzt, der die Veränderungen am besten beschreiben würde, welche die Regierungsform und das Land der Tektosagen unter der Herrschaft der Römer und Westgothen erfahren hatten, nebst einer Schilderung ihrer Gesetze und Sitten unter den Römern. Da aber auch diesmal keine befriedigende Beantwortung dieser Preißfrage eingelaufen

gelaufen war; so beschloß die Akademie, nach einer
zwölfjährigen Erwartung, diese Materie fahren zu
lassen, und im J. 1782 demjenigen 100 Pistolen
auszuzahlen, der die Vortheile zeigen wird, welche
die Errichtung der Provinzialstände überhaupt ge-
währet, und insonderheit diejenigen Vortheile, die
Languedok den Ständen dieser Provinz schuldig ist.
Die Akademie wünschet dabey eine summarische Dar-
stellung des Staatsrechts von Languedok, verglichen
mit dem Staatsrecht von Bretagne, Burgund und
Provence, in Beziehung auf die Staats- und Regierungsverfassung der Stände dieser drey Provinzen.

*   *   *

Die Akademie der Wissenschaften zu Metz hat
über die, den Handel und die Manufakturen dieser
Stadt betreffende Preißfrage *) im J. 1779 keine
Abhandlung erhalten; sie legt sie daher für das J.
1780 aufs neue vor. Der Preiß bestehet in 400
Livres. Für das J. 1781 giebt sie auch eine ältere,
nicht gut genug beantwortete, die Metzischen Jahr-
märkte betreffende Frage nochmals auf **) Der
Preiß für diese Frage bestehet in einer goldenen Medaille, 600 Livres werth.

Für das Jahr 1781 hat die Akademie der Wiss-
senschaften zu Besançon folgende Preißfrage auf-
gestellt:

Die Gränzen der Grafschaft Burgund, seit
dem Ursprung der erblichen Grafen bis zur
Erlöschung der Pfalzgrafen zu bestimmen.

Der Preiß ist eine goldene Medaille von 250
Livres. Die Abhandlungen werden vor dem 1sten

Aa 3   May

---

*) Sie stehet in den fortges. Betracht. Th. 4. S. 357.
**) Ebendaselbst.

May 1781 dem beſtändigen Sekretar der Akademie, Hrn. Rath Droz, frankirt zugeſendet. — Die für das J. 1780 aufgegebene Frage iſt bereits im 3ten Theil dieſer Neueſten Litter. S. 175 angeführt worden.

*   *   *

Ein gründlicher franzöſiſcher Geſchichtforſcher, den wir längſt todt glaubten, iſt erſt neulich, am 27ſten Sept. 1779, geſtorben, Herr Stephan Laureaut de Foncemagne, Mitglied der franzöſiſchen Akademie und der Akademie der Inſchriften und ſchönen Wiſſenſchaften. Er war von Orleans gebürtig, und ſtarb im 86ſten Jahr ſeines Alters. Er hat mehr für den Ruhm anderer, als für ſeinen eigenen, gearbeitet; und er war ſeiner weitläufigen Gelehrſamkeit und Willfährigkeit wegen das Orakel andrer Gelehrten, die ihn nie beſuchten, ohne von ſeinen Geſprächen und Unterſuchungen Vortheile zu ziehen. Seine Abhandlungen in den Schriften der Akademie der ſchönen Wiſſenſchaften tragen das Gepräge der Gründlichkeit, und laſſen ſich zugleich angenehm leſen. Sie betreffen meiſtens die alte franzöſiſche Geſchichte; z. B. Mémoires pour etablir que le Royaume de France a été ſucceſſif-hereditaire dans la premiére Race; Mémoire dans lequel on examine, ſi les filles ont été excluſes de la ſucceſſion au Royaume en vertu d'une diſpoſition de la loi Salique; Eclairciſſemens ſur quelques circonſtances du voyage de Charles VIII. en Italie & de la ceſſion lui faite par André Paléologue; Obſervations ſur deux ouvrages hiſtoriques conçernant le regne de Charles VIII.; Sur les Actes des Eveques du Maux &c. Beſonders hat er nichts drucken

cken laſſen, als einen Brief oder vielmehr Abhandlung für le teſtament politique du Cardinal de Ri-
chelieu. Sein moraliſcher Charakter wird eben ſo
ſehr gerühmt, als ſeine Gelehrſamkeit.

* *

Am 19ten December ſtarb zu Paris der bekannte viel ſchreibende Abbé de la Porte, im 66ſten
Jahre ſeines Alters, als er den 26ſten Band ſeines
Voyageur François geendiget hatte. Dieſes Werk
wird von einem andern Gelehrten weiter fortge-
ſetzt werden.

Nachricht.

In den Rheiniſchen Beyträgen zur Gelehrſamkeit
2ten Jahrgangs 1ſten Band S. 147 u. ff. ſtehen einige
höfliche Erinnerungen über drey Recenſionen im erſten
Theil unſrer Neueſten Litteratur der Geſchichtskunde, die
wir mit Dank annehmen, aber doch nicht unterlaſſen können, dagegen zu erinnern, daß uns dort Unrecht geſchieht,
wenn geſagt wird, wir hätten am angef. Ort S. 68 die Gränzen und den Inbegrif des Rhein. Frankenlands ſehr unrichtig angegeben. Denn wir haben uns ganz genau der
eigenen Worte des ſeel. Kremers bedient. Man ſehe nur
deſſen Werk S. 6 oben. — Wenn wir ferner S. 71 bedauert haben, daß keine illuminirte Karte vom Rhein.
Frank. bey gedachtem Werk befindlich ſey; ſo galt dies von
unſerm Exemplar. Die Karte wurde uns ſpät nachgeſchickt
(wie wir auch im 2ten Th. unſres Journals S. 6 ausdrücklich gemeldet), aber unilluminirt. — Auf der 150ſten
S. jener Beyträge wird zu S. 98 des 1ſten Th. unſres
Journals erinnert, daß das Beſondere der im 4ten hiſtor.
Band der Comment. Acad. Elect. Theod. Palat. von
Hrn. Hofr. Lamey mitgetheilten Steinſchriften darinn beſte-
he, daß ſie lateiniſch und doch mit griechiſchen Buchſtaben
verfertiget ſind. — Den Wunſch S. 107, daß zu der
Kremeri-

Kremerischen Beschreibung der Gegend des östlichen Frankenlandes eine Landkarte möchte entworfen werden, würden wir freylich nicht geäussert haben, wenn wir die vorhin erwähnte zur Geschichte des rhein. Frankenlandes gehörige Karte damals besessen hätten.

Die Erinnerungen gegen die Stelle S. 29. sind vollkommen gegründet. Sie betreffen aber eigentlich nur einen Druckfehler, nicht aber die Meinung des Recensenten selbst. Dieser hat nie geglaubt, daß das Kloster zur Steigen zwischen Landau und Neustedt an der Hahrd gelegen sey, daß jene Gegend jemals zum Elsaß gehört habe, oder daß ein Dorf Steige in jener Gegend liege. Die oben unterstrichne Worte müssen ganz weggestrichen werden. Sie gehörten in dem Manuscript an einen ganz andern Platz, wo der Recensent alle die Stiftungen angeführt hatte, die dem Kloster zu Landau in der Nachbarschaft zugehörten, wohin auch einige Einkünfte zu Ensigisheim und Vilra (Weyer) zwischen Landau und Neustedt gehörten. Die Anführung dieser Stiftungen kam ihm aber bey der Revision gar zu umständlich vor; er strich sie also weg — vielleicht aber die Worte zwischen Landau und Neustedt an der Hahrd entweder gar nicht, oder so undeutlich, daß der Setzer sie in den Text einrückte; weil sie am Rand standen, und ihm, da sie entweder gar nicht oder doch nur unmerklich ausgestrichen waren, in den Text zu gehören schienen.

Ob übrigens das Kloster zur Steigen den Namen daher bekommen habe, weil es an einem Berge lag, welchen man ersteigen mußte, um dahin zu kommen, darüber will der Recensent nicht streiten; ob es ihm gleich wahrscheinlicher vorkommt, daß es von dem Wort die Steig herkomme, welches noch in Schwaben und Helvetien, vielleicht auch im Elsaß, gebräuchlich ist, und eine enge Straße zwischen Gebirgen anzeigt.

Die Rechtfertigung des Hrn. Hofr. Lamey gegen den Verdacht einer Verstümmelung der Urstisischen Urkunde war dem Recensenten sehr angenehm. Eine kurze Anmerkung des Hrn. Herausgebers hätte allen Anlaß zu diesem Verdacht wegnehmen können. Was er in der Handschrift nicht fand, konnte er freylich auch nicht abdrucken lassen.